Mon enfant, j'ai confiance en toi

SOLINE BOURDEVERRE-VEYSSIERE

Mon enfant, j'ai confiance en toi

LES NEUROSCIENCES AU SERVICE DU DÉVELOPPEMENT DE L'ENFANT ET DU PARENT

JouVence
poche

Dans la même collection aux Éditions Jouvence

La Magie des synchronicités, Françoise Dorn
La terre est le plus bel endroit du siècle, Françoise Dorn
Ho'oponopono, Luc Bodin et Maria-Élisa Hurtado-Graciet
La Voix de la connaissance, Don Miguel Ruiz
Le Cinquième accord toltèque, Don Miguel Ruiz
et Don José Ruiz

ÉDITIONS JOUVENCE

France: BP 90107 – 74160 Saint-Julien-en-Genevois Cedex
Suisse: Route de Florissant, 97 – 1206 Genève
Site Internet: www.editions-jouvence.com
E-mail: info@editions-jouvence.com

ISBN : 978-2-88953-338-1

Catalogue gratuit sur simple demande

Dessin de couverture : Victoria Roussel
Maquette de couverture : Antartik
Mise en page intérieure : Virginie Cauchy
Éléments graphiques : ©Freepik

AVANT-PROPOS

Grammaticalement, « confiance en soi » peut se décliner en « confiance en lui-même » ou autres formulations plus lourdes. Afin de ne pas alourdir mon propos j'ai décidé d'employer « confiance en soi » comme une expression invariable.

SOMMAIRE

Ce livre, consacré à la confiance en soi, mêle pistes de réflexions et pistes d'actions. Au fil des pages, je vous livrerai quelques outils que vous pourrez mettre en pratique au quotidien. Je vous propose maintenant un support différent: une histoire à lire avec votre enfant.

Pourquoi une histoire pour enfant dans un ouvrage comme celui-ci ?

- Ce livre étant, entre autres, une boîte à outils, cette histoire pourra se révéler être un point de départ à la discussion avec l'enfant. On peut entrevoir ici un jeu entre l'inconscient et la réalité consciente qui se déroule dans cette saynète. Un phénomène d'identification peut se mettre en place (ou pas...) entre l'enfant et Gaspard. Chaque parent et chaque enfant s'approprieront l'histoire à leur façon.
- Je n'aime pas les cases et les étiquettes. Alors pourquoi ne pas insérer un peu de littérature jeunesse dans un essai pratique ?
- Selon moi, la quintessence d'un livre réside dans son pouvoir de transmission et de circulation. Pourquoi ne pas en faire un objet transgénérationnel qui circulerait autant entre les mains des plus jeunes que des plus âgés ?

Bonne lecture !

Gaspard, j'ai confiance en toi...

Gaspard aime la forêt, les tomates, la pêche aux canards, la musique, la soupe de potiron et sauter dans les flaques d'eau.

Inventer des mots nouveaux et rigolos ! Voilà son passe-temps préféré ! Mais aujourd'hui, Gaspard est un peu triste, voire en colère.

Gaspard râle car il n'arrive pas à faire ses lacets. Assis par terre, il sent la colère monter en lui et il a très envie de jeter ses chaussures ! Il souffle très fort et dit :
« Je n'y arrive pas ! »

« Encore..., précise Maman. Je préfère que tu dises : "Je n'y arrive pas ENCORE." »

Gaspard ne comprend pas ce que Maman raconte. Il s'énerve. Sa colère monte toujours. Et il se met à crier :
« Je n'y arriverai JAMAIS ! »

Maman se met à sa hauteur et lui dit alors :
« Tu es capable. Tu as le droit d'échouer. Parfois il est même important de se tromper pour apprendre. »

Gaspard sait que Maman dit la vérité mais il veut apprendre vite et tout de suite, et sans se tromper ! En plus, au fond de lui, il pense toujours qu'il n'y arrivera jamais.

À cet instant, Papa propose un jeu à Gaspard. Dans sa tête, il se dit « J'aime quand Papa joue avec moi, je suis important pour lui », et il accepte avec un immense plaisir.

Papa propose le jeu du papillon. Il dessine un papillon sur une feuille et explique la règle à Gaspard :
« Sur l'aile de gauche, je vais écrire une qualité que TU te reconnais, et que tu vas me dire. Sur l'aile de droite je vais noter une qualité que JE te reconnais. »

Gaspard est vraiment très embêté. Il ne se trouve pas de qualité ou de don particulier. Il cherche encore et encore dans tous les coins et recoins de sa tête. Elle va finir par exploser !

« J'ai trouvé ! J'ai une qualité ! Je vais très vite à vélo ! »
Papa reporte cette qualité sur l'aile gauche du papillon.
Sur l'aile de droite, il écrit en disant à voix haute :
« Gaspard, tu es un garçon très joyeux. Tu es une belle personne. »
Gaspard sourit.

Ensemble, Gaspard et Papa ont passé un très bon moment à colorier le papillon afin de lui faire prendre vie.

Gaspard se sent rassuré. Il a l'impression que son réservoir de confiance se remplit.
Quand tout à coup, Maman arrive, un collier à la main, et se plaint :
« Je n'arrive jamais à fermer mon collier ! »

...

...

Avec un grand sourire et un gros câlin, Gaspard encourage Maman :

« J'ai confiance en toi Maman. Tu vas trouver une solution... »

« Et puis de toute façon, le plus beau des colliers autour de ton cou ce sont mes bras ! »

« UTOPIE, c'est ce qui n'a pas encore été essayé. »
Benjamin Franklin

INTRODUCTION

L'enfant est un être clairvoyant, doué d'une perspicacité à toute épreuve. Il est une personne éclairée et éclairante. Mais il a parfois **besoin que l'on attise sa flamme intérieure, et cette étincelle, c'est la confiance qui va éclairer sa route.**

Il est fréquent d'entendre parler d'enfants qui manquent de confiance en eux. Or parents, professeurs et autres accompagnateurs, tous, nous leur souhaitons le meilleur en espérant les armer au mieux pour construire leur avenir.

Dans cette voie, la route n'est pas tracée et elle est même semée d'embûches, de contraintes et de défis… et fort heureusement de nombreux bonheurs. Notre rôle d'accompagnateur est donc de guider l'enfant sur ce chemin en lui donnant les clefs nécessaires pour aborder le monde d'aujourd'hui et de demain.

Quand Alfie Kohn[1] anime des ateliers de parents, il commence par une question simple mais lourde de sens : « **Quels sont vos objectifs à longs termes**

pour vos enfants? Quel mot ou quelle phrase vous viennent à l'esprit pour décrire ce que vous voudriez que vos enfants deviennent quand ils seront grands?» Prenez vous-même le temps de réfléchir afin de répondre à ces deux questions. Les parents souhaitent des enfants heureux, équilibrés et autonomes, aimables et réfléchis, confiants et curieux de la vie. Gardons ce constat en tête car, nous allons le voir, cela va déterminer certains de nos comportements.

L'enfance et l'adolescence sont deux périodes clefs dans le processus de construction de la confiance et les expériences faites à ces moments de la vie vont être déterminantes pour notre vie d'adulte.

« L'enfant n'est pas un vase qu'on remplit mais un feu qu'on allume. »
Montaigne

L'enjeu est important certes. Seulement restons indulgents envers nous-mêmes. Nous sommes des êtres humains avec nos forces mais aussi nos faiblesses; donnons-nous le droit à l'erreur… Si aujourd'hui vous lisez ce livre, c'est bien qu'en tant que parents, vous cherchez à faire de votre mieux.

Il est illusoire de croire en l'existence du « parent parfait» mais on peut, ensemble, s'accorder sur des notions simples et pratiques afin de veiller au meilleur épanouissement possible des petites pousses que sont nos enfants.

J'ai écrit ce livre avec le cœur, guidée par ma lumière intérieure. Je veux souffler sur la petite flamme dont chaque enfant est porteur, l'attiser, la rallumer chez certains. Maman, mais aussi enseignante et accompagnante parentale au quotidien, ce livre est le fruit de mon expérience professionnelle et personnelle, le résultat de nombreuses et constantes remises en question.

La confiance en soi est une composante essentielle à l'épanouissement et si vous avez choisi de lire mon livre, c'est que, déjà, vous êtes dans une démarche positive, soucieux de faire de vos enfants les adultes équilibrés et heureux de demain.

Ce livre n'est pas un nouvel essai théorique sur l'éducation, construit sur la base de conseils et de recettes plus ou moins efficaces. Non. Sur des observations simples et pratiques, il constitue plutôt un appel au changement de nos perceptions. Ouverture d'esprit et humilité vont donc être de mise… et la route ne sera pas toujours facile à emprunter. Cependant, vous constaterez très vite qu'elle mérite d'être suivie. Oui, nous pouvons faire mieux, si nous nous donnons la peine de réfléchir à notre façon d'agir avec nos enfants, de les regarder chaque jour grandir.

Chaque individu vient au monde au monde avec une petite graine de confiance en soi. À chacun de la nourrir et de veiller à ce qu'elle s'enracine durablement pour pousser et s'épanouir. Alors, prêts pour le jardinage?

Comprendre et aiguiller vont donc être les maîtres mots du livre qui va vous accompagner.

Vous y trouverez des suggestions, des pistes de réflexions, des retours d'expérience. Et parce que, par essence, une relation à un enfant est unique et singulière, vous ne trouverez ici ni théorie ni généralisation. À chacun de suivre son sillage en fonction de son histoire personnelle, de ses envies et de son ressenti. J'ai ici en tête la métaphore de Petra Krantz Lindgren [2] qui propose d'aborder les ouvrages consacrés à l'éducation à la manière des livres de cuisine… Dans *Développer l'estime de soi de son enfant,* elle note: « Certaines recettes nous mettent en appétit, d'autres pas du tout. Nous en suivons certaines à la lettre en nous étonnant de ne pas y avoir pensé avant. Nous en adoptons d'autres afin de satisfaire les goûts de toute la famille. Parfois, nous avons envie de nouveauté et nous nous lançons des défis en suivant une recette qui sort de l'ordinaire. À d'autres moments, nous aimerions juste un peu d'aide pour varier nos plats quotidiens. Les façons de lire un livre de cuisine sont nombreuses, mais je doute que quelqu'un le lise du début à la fin en appliquant chaque recette à la lettre. »

« L'amour et le lien, premières nourritures
de ma jeune pousse,
seront toujours le meilleur choix. »
Isabelle Filliozat

Définir les différentes sphères qui gravitent autour de la confiance en soi sera notre point de départ. Il est important de comprendre ce que sont les notions de confiance en soi, d'estime de soi, de connaissance de soi, de conscience de soi ou encore d'amour de soi. Puis nous tenterons d'apporter des éclairages sur les sources de la confiance. La confiance mutuelle que l'on se doit d'entretenir dans la relation avec l'enfant prendra vie dans l'acceptation des émotions. Ensuite, nous évoquerons le pouvoir des mots et de la communication au sens large, pour nous pencher sur la question de l'aide que l'on peut apporter à l'enfant. Enfin, nous n'oublierons pas le cadre scolaire, bien spécifique. Au fil de la lecture, je vous donnerai des idées d'activités concrètes pour renforcer la confiance des enfants qui nous entourent. Dans ma conception, lier théorie et pratique fera fructifier les ressources qui sont déjà en chacun de vous.

Faire confiance à son enfant. Apprendre à son enfant à avoir confiance en lui ainsi qu'en l'autre. Vivre une relation harmonieuse, sereine et apaisée. Voici les objectifs que je me suis fixés dans cet ouvrage.

« L'essentiel est invisible pour les yeux. »
Antoine de Saint-Exupéry

1

DÉFINIR

Confiance et estime de soi

1. L'ESTIME DE SOI INCLUT LA CONFIANCE EN SOI

Estime de soi, confiance en soi, amour de soi, vision de soi

Estime de soi, confiance en soi, amour de soi, vision de soi… relèvent du domaine de la perception. Ces notions sont donc par définition totalement subjectives. Chacune d'entre elles est riche, complexe, et par conséquent difficile à définir. L'estime de soi englobe trois éléments : **l'amour de soi (la conscience de sa valeur personnelle), la vision de soi (regard intérieur que l'on porte à soi-même) et la confiance en soi.** Cette dernière étant en général, la plus facilement mesurable. En effet, il s'agit de la conviction de sa propre capacité à apporter des réponses adaptées aux diverses situations auxquelles nous sommes confrontés dans notre vie. Quand on parle de confiance en soi, on ne peut donc pas envisager cette donnée seule. Il est évident que la vision de soi et l'amour de soi sont à travailler également.

L'estime de soi est vraiment une notion qui devrait être centrale dans nos vies. En effet, un être humain ne peut se construire de façon équilibrée s'il n'a pas une bonne estime de lui-même. D'autre part, pensez-vous réellement qu'une société puisse se développer de manière harmonieuse si elle est constituée de personnes qui ne s'aiment pas elles-mêmes et n'ont aucune idée de la valeur de leur propre personne ?

Les notions d'estime et de confiance en soi sont intrinsèquement liées. Et malheureusement on les confond souvent. L'estime de soi inclut de fait la confiance en soi. Si la confiance en soi concerne nos actes et nos comportements, l'estime de soi s'inscrit davantage dans une démarche intérieure.

Notons qu'à la naissance, le nouveau-né possède une confiance illimitée et absolue tandis que son estime de soi est totalement à construire puisqu'il est dans l'incapacité de réfléchir sur lui-même. L'objectif serait donc de garder ce capital confiance qu'il a reçu en cadeau de naissance… tout en construisant les bases d'une estime de soi positive.

Un concept à géométrie variable

Il est difficile d'envisager le concept de confiance en soi dans sa globalité puisqu'il ne s'agit aucunement d'un trait de caractère qui s'appliquerait à un ensemble de sphères. On peut être confiant dans un domaine et nettement moins dans d'autres. Je peux avoir confiance en moi professionnellement, dans ma vie de famille, dans mes relations amicales, et ne pas me sentir en confiance dans le domaine sportif par exemple…

« La confiance n'est pas quelque chose qu'on a ou qu'on n'a pas. Ça se cultive couche par couche. Attachement et explorations la nourrissent. »

Isabelle Filliozat

Cela peut s'expliquer par la richesse de la notion. Quand on parle de confiance en soi, Isabelle Filliozat[3] distingue quatre dimensions se construisant les unes sur les autres :

- la confiance de base ou sécurité intérieure ;
- la confiance en sa personne propre ;
- la confiance en ses compétences ;
- la confiance relationnelle ou sociale.

Pyramide des cinq dimensions de la confiance

Le sentiment de sécurité intérieure est la base, le socle. C'est l'amour inconditionnel qui le forge. Regarder, toucher, répondre aux besoins, permettent d'aider le bébé à prendre conscience de la place qu'il occupe dans son environnement **(1. « Je suis aimé »)**. Puis, l'enfant grandit et sa propre personnalité se développe au fur et à mesure qu'il est écouté, que ses besoins, désirs et autres émotions sont reconnus **(2. « Je veux »)**. Ensuite, l'enfant cherche à faire seul **(3. « Je peux »)**. Petit à petit son champ d'interactions sociales s'étoffe **(4. « Je participe »)**. Une fois que les quatre dimensions de la confiance sont assouvies, que les quatre couches de la pyramide sont remplies, on peut considérer que la confiance en la vie et en l'avenir sont présents. Vaste objectif que de gravir cette pyramide. **On comprend donc que l'édifice de la personnalité se bâtit et s'escalade sur la double base de l'amour et de l'écoute des besoins.**

« L'amour est un carburant, pas une récompense. »
Isabelle Filliozat

De surcroît, la confiance en soi n'est pas un concept linéaire dans le temps. La confiance n'est jamais définitivement acquise ou perdue. Enseignante dans le secondaire, je côtoie au quotidien bon nombre d'adolescents en perte de confiance, tendance qui ne les caractérisait pourtant pas quelques années auparavant. Les transformations physiques, cérébrales, psychologiques ainsi que la multiplicité des attentes sont au rendez-vous. Il n'est pas étonnant que chez certains, chercher/trouver sa place engendre une remise en question de la confiance en soi. J'ai côtoyé une élève qui, à l'arrivée au collège en classe de sixième, s'est complètement épanouie et révélée alors qu'auparavant elle ne se sentait pas à l'aise ni en confiance. Selon elle, elle avait besoin de changement, de passer dans la cour des grands. Ce passage lui a permis de gagner en confiance.

Prenons l'exemple de l'arrivée d'un bébé dans une fratrie. Pour l'aîné(e), cela peut être un déclencheur et il peut se poser la question de savoir si sa valeur est toujours la même au sein de la famille. Notez bien que l'aîné peut être tout autant bouleversé et peiné, qu'il peut se montrer affectueux et enthousiaste à l'arrivée au monde de son petit frère ou de sa petite sœur.

Un jour, lors d'une crise de colère qui *a priori* n'avait rien à voir, mon fils aîné m'a dit : « Je voudrais qu'elle ne soit jamais née. » Voilà qui était dit. Gardons en tête que la façon dont l'enfant réagit à l'arrivée d'un frère ou d'une sœur varie d'un enfant à l'autre, et est également fonction de son âge. Ainsi, un enfant très jeune peut craindre d'être remplacé par le nouveau bébé, et de ne plus avoir de valeur. Rassurer l'enfant et essayer de trouver des moments privilégiés pour chacun permet d'atténuer les tensions et compétitions. L'établissement d'un lien personnel avec chacun est fondamental. Pas toujours facile…

Outil 1

Changer par soi-même !

Expression - Dès 3 ans

Pour apprendre à faire des choix et à se responsabiliser.

« Sois le changement que tu souhaites voir en ce monde. »
Gandhi

- Il suffit de se munir d'une feuille et de quoi écrire. Il s'agit pour l'enfant d'écrire (ou de faire écrire, ou de dessiner, selon l'âge…) ce qu'il aimerait faire, voire ce qu'il aimerait modifier dans le lieu dans lequel il vit. **Cela engage l'enfant à devoir changer les choses par lui-même!** Même si un peu d'aide n'est pas exclue.
  « Je m'engage à ré-agencer la disposition des meubles de ma chambre. »
  « Je souhaite conserver cette paire de chaussures le plus longtemps possible donc j'en prends soin. »
  « J'ai pour objectif d'acquérir tel jeu donc je fais du tri dans mes jouets actuels. »
  « Je veux visiter un château fort et je m'organise autour de cette sortie future. »

- Il s'agit d'une **activité de responsabilisation.** Faire un choix en toute autonomie peut être générateur de stress pour certains enfants. Ici l'enfant comprend petit à petit que c'est par l'expérience et par ses propres choix qu'il grandit et peut assumer pleinement ses actes. Les objectifs sont simples, le but est de permettre à l'enfant de se concocter un programme à sa mesure, lui permettant d'aller au bout de ses envies et de ses idées.

Une donnée enthousiasmante et positive

On définit souvent la confiance en soi par la négative ou, à l'extrême opposé, d'« excès de confiance », comme si quantifier la confiance sur une échelle antagonique permettait de déterminer ce qui est souhaitable et ce qui ne l'est pas. Le doute, l'hésitation, la saine anxiété, la peur… ne sont pas des éléments à bannir pour autant. Essayons de garder la mesure. Notons que la confiance est clairement une donnée enthousiasmante et positive. C'est un moteur.

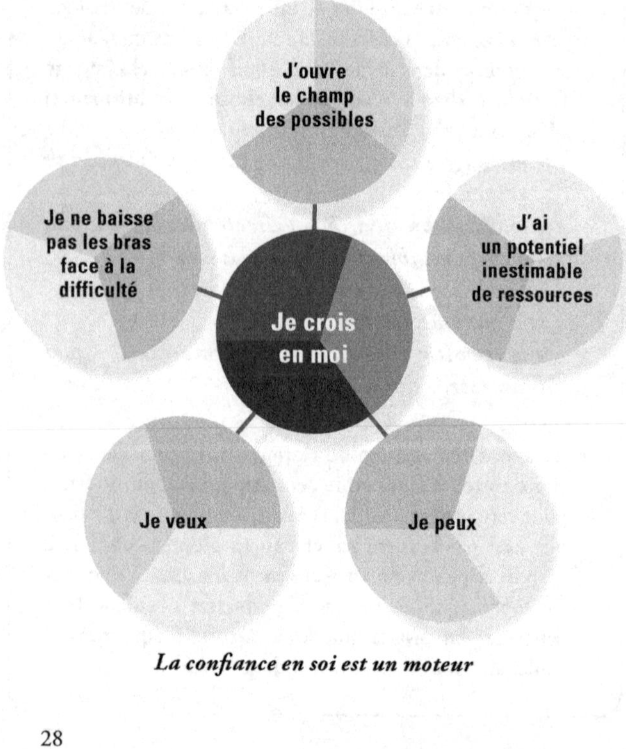

La confiance en soi est un moteur

Cela s'explique très simplement. Face à une situation donnée, l'individu qui éprouve de la confiance en soi sécrète des neurotransmetteurs tranquillisants en nombre plus important. Ces derniers sont chargés de neutraliser l'action des anxiogènes sécrétés préalablement. L'individu devient alors plus calme et décontracté, prêt à affronter ce qu'il percevait antérieurement comme un obstacle.

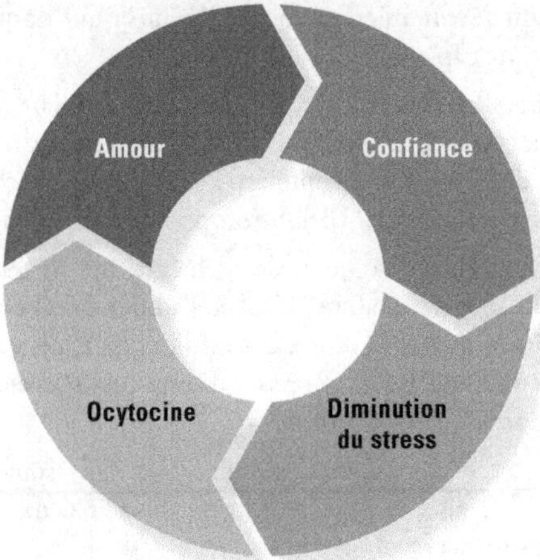

Cercle vertueux de la confiance

Parfois, il suffit de tenter de raisonner un peu à l'envers, de naviguer un peu à contre-courant de la pensée dominante. En effet, je préfère envisager le défaut de confiance comme une conséquence plutôt que comme une cause. Cela me semble plus proche de la réalité… et surtout plus positif car cela sous-entend que l'on peut œuvrer à la source, dès les premiers mois de vie. J'y reviendrai.

Outil 2
Relève le challenge !

Expression - Dès 3 ans

Pour relever des défis et apprécier de réussir dans des domaines insoupçonnés.

- Il suffit de se munir d'une boîte (ou d'un bocal), de quelques bouts de papiers, ainsi que de quoi écrire.
- Invitez l'enfant à écrire (ou faire inscrire pour les plus jeunes) cinq défis simples sur cinq morceaux de papier. Ces derniers sont ensuite repliés afin que leur contenu ne soit pas dévoilé. L'adulte est prié de faire de même.
- L'enfant risque de noter des défis proches de ses goûts et de sa personnalité. C'est à l'adulte de choisir des challenges plus ouverts car c'est principalement sur ces défis-là que l'enfant sera ravi d'acter une réussite, dans un domaine insoupçonné.
- Les dix petits papiers contenant les défis sont placés dans la boîte. Il s'agit ensuite de piocher deux défis et de les réaliser.

Exemples de défis à relever : mimer un singe, traverser la pièce les yeux fermés sans se cogner, faire 3 mètres à cloche-pied en ligne droite…

« Ce n'est pas parce qu'un problème n'a pas été résolu qu'il est impossible à résoudre. »
Agatha Christie

Connaissance et conscience de soi

La connaissance et la conscience de soi sont également des données essentielles et substantielles. Renforcer sa conscience de soi permet de se sentir plus confiant. Ainsi, c'est savoir que l'on est un individu à part entière, avec ses qualités et ses défauts, avec ses points forts et ses points faibles. Et parfois, l'enfant a besoin de l'entendre de la bouche de quelqu'un d'autre. C'est une des raisons pour lesquelles, pour mes enfants comme pour mes élèves, je m'efforce toujours de **contrebalancer mes remarques.** Par exemple lorsqu'un élève a des difficultés à valider une compétence attendue, je le souligne par honnêteté, lui donnant des pistes pour progresser, et j'ajoute toujours une remarque positive *« Aujourd'hui, tu as rédigé beaucoup de phrases qualifiées de hors sujet. Je te suggère de bien analyser ton sujet au brouillon et de prendre ton temps. Mais je vois que tu as fait un bel effort pour structurer ta pensée avec un plan, c'est vraiment encourageant. »*

Il est à noter que la connaissance de soi c'est aussi savoir reconnaître ses émotions, et partager son ressenti. Nous aborderons ce point au chapitre suivant.

Mais comment reconnaître un enfant qui n'a pas confiance ?

Évidemment, il existe des signes, sortes de symptômes du manque de confiance. Loin de moi l'idée de systématiser, mais on peut tout de même lister quelques traits révélateurs. Chaque élément, pris isolément, ne signifie rien. C'est l'accumulation des différents indicateurs... Parmi ceux-ci, on peut retrouver :

- des comportements antisociaux, nuisibles à la société ;
- des comportements liés à la vanité, avec le désir incessant d'être approuvé par les autres ;
- une comparaison avec les autres qu'elle soit à son propre avantage ou à son désavantage ;
- un manque d'intérêt pour beaucoup de choses (passivité) ;
- le refus de la nouveauté (activités, rencontres...) ;
- un découragement récurrent ;
- un sentiment d'être mal aimé, voire rejeté ;
- le dénigrement personnel (« Je suis bon à rien »).

La confiance, et plus précisément le manque de confiance, est devenue une notion un peu fourre-tout. Au moindre mal-être ou problème, le diagnostic tombe comme un couperet : « Il/elle manque de confiance. » J'ai très souvent affaire à des élèves qui présentent des manifestations physiques intenses de gêne lorsqu'ils doivent s'exprimer à l'oral devant la classe. Balbutiements, mains transpirantes, accélération du rythme cardiaque, estomac serré, boule dans la gorge, voire sensation d'étouffement, sont autant de réactions... mais ces dernières sont liées au stress. Et ce n'est en rien une donnée négative puisque cette appréhension plus ou moins visible, permet de mobiliser l'énergie nécessaire afin de faire face à une situation jugée difficile. Dans la plupart des cas, j'explique à l'élève concerné que son trac est une réaction physiologique… et que cela n'est pas forcément synonyme de peur ou de manque de confiance en soi. Le problème, c'est que l'enfant, à force de s'entendre répéter qu'il manque de confiance en lui, va finir par s'en persuader…

Attention toutefois à l'effet de validation subjective ou effet Barnum qui ferait que tout un chacun se retrouverait ou retrouverait son enfant dans une telle description. Alors pour contrebalancer cela, j'ajoute quelques indicateurs faisant montre d'une confiance en soi bel et bien présente :

- physiquement, un corps détendu et un visage ouvert ;
- ouverture et curiosité pour la nouveauté ;
- acceptation des critiques et de ses erreurs ;
- créativité ;
- indépendance ;
- enthousiasme ;
- attention aux autres ;
- écoute attentive.

Outil 3

Calendrier de fierté ou des trois petits bonheurs du jour

Expression - Dès 2 ans

Pour parler de ses bonheurs et petites victoires au quotidien et en être fier.

- La vie est pleine de succès, petits comme grands! Ce rituel est l'occasion de s'arrêter un court instant sur ce que l'enfant considère être comme des victoires personnelles. L'enfant se sent écouté, mis en valeur… et l'adulte apprend à apprécier les «petites» victoires.

- Il s'agit de proposer à l'enfant de revoir les événements marquants d'une journée, et en particulier ceux qui nous rendent heureux ou pour lesquels nous sommes fiers. Pour ce rituel, le moment propice est le soir mais chacun peut l'adapter au moment qu'il préfère. Le parent ou éducateur peut lui aussi participer à ce calendrier.

«J'ai cuisiné le dîner avec Papa.»
«J'ai eu un fou rire avec mon ami Samuel.»
«J'ai appris à me servir d'un Ukulélé.»
«J'ai fait un dessin pour Maman.»
«J'ai rangé mon pyjama sans qu'on me le demande.»

...

- On peut décliner ce calendrier en plusieurs variantes : se le dire dans sa tête, échanger à voix haute en tête à tête, écrire ou dessiner sur une feuille, ou pourquoi pas dans un carnet spécifiquement dédié. On peut même imaginer un calendrier parent/enfant par exemple, en le faisant commencer par « Nous » (« Nous avons fait une balade en forêt », « Nous sommes arrivés à l'heure à l'école dans le calme et la sérénité »).

- **Variantes :** tenir un journal de gratitude (l'enfant note chaque soir ce qui, dans la journée, lui a donné envie de dire merci) ; remplir un bocal avec des papiers annotés de gratitudes, à lire dans les moments que l'on juge propices.

« Il ne faut pas de tout pour faire un monde.
Il faut du bonheur et rien d'autre. »
Paul Éluard

2. SE FAIRE CONFIANCE EN TANT QUE PARENT

« Pour enrichir la confiance en soi,
l'enfant a besoin face à lui d'adultes
non pas parfaits mais authentiques. »
Arnaud Deroo

Un parent authentique

Le parent parfait n'existe pas. Éduquer un enfant nous fait traverser quelques tempêtes, plus ou moins puissantes, plus ou moins répétées. Ce n'est pas un long fleuve tranquille !

Être parent, c'est être en proie aux interrogations, se remettre très souvent en question. Recherches du bonheur et du bien-être de l'enfant sont notre *leitmotiv*. Si le parent accepte que ses angoisses constituent des entraves à son raisonnement (car il voit trop souvent l'aspect négatif des choses), c'est qu'il a déjà consciemment emprunté le chemin de l'accompagnement vers la confiance. Soyons honnêtes, être parent ou accompagnateur d'enfant, c'est très éprouvant, tant physiquement qu'émotionnellement. À titre personnel, j'ai beau avoir la chance (car c'est une chance !) d'avoir quelques connaissances sur le fonctionnement du cerveau de l'enfant, je reste parfois assez éloignée de mes ambitions. Oui, il m'arrive de me mettre en colère. Oui, il m'arrive de crier. Oui, il m'arrive de ne pas prendre le temps de suffisamment écouter mon enfant lorsque je suis fatiguée. L'important est bien d'en avoir conscience. Et d'ailleurs, être un parent imparfait n'aide-t-il pas l'enfant à s'éloigner du modèle de l'enfant parfait ?

« Je ne suis pas parfait ; tu n'es pas parfait ;
et c'est parfait. »
Virginia Satir[4]

On ne veut pas de parents irréprochables, ni d'enfants exemplaires… on désire simplement des individus épanouis, capables d'indulgence si les circonstances ne sont pas à la hauteur de leurs espérances. J'étais une maman merveilleuse avant d'avoir des enfants ! Devenir parent rend très modeste ! Les enfants n'ont pas besoin de parents infaillibles, ils ont besoin de parents authentiques. Il me paraît impératif qu'en tant qu'adultes nous évitions de leur mentir. En leur montrant au quotidien que notre vie ressemble beaucoup à la leur ; comme eux, nous traversons des difficultés que nous tentons de surmonter, en proie parfois à des émotions désagréables.

« Suis-je un bon parent ? »
« Suis-je à la hauteur ? »
« Suis-je trop autoritaire ? »
« Suis-je trop laxiste ? »
« Est-ce que je me remets suffisamment en question ? »
« Est-ce que je me pose trop de questions ? »

Retour dans le passé

Au fil de notre histoire, le rapport à l'enfant a bien changé. Ainsi, ai-je toujours été marquée par la terrible formule de l'historien Pierre Goubert. Il disait que, sous l'Ancien Régime, il fallait deux enfants pour faire un adulte. Cette hécatombe était causée par la mortalité infantile. De fait, les parents s'attachaient moins à leur enfant : ils avaient trop peur de le perdre.

Ce n'est véritablement qu'au XXe siècle que le regard porté sur l'enfant commence à changer. Ainsi, Sigmund Freud, médecin autrichien aujourd'hui beaucoup controversé, proclame que l'enfant a un développement psychologique et une personnalité propres. Il énonce que ce dernier est sensible aux divers événements de la vie, a une sexualité et peut être victime de traumatismes… La véritable histoire de la psychanalyse de l'enfant commence dans les années 1920, lorsque l'on comprend que l'enjeu n'est pas de confirmer des idées *a priori*, mais d'explorer le monde intérieur de l'enfant à l'aide de la méthode découverte par Freud, à savoir l'analyse du transfert et l'élaboration du contre-transfert. Deux noms dominent alors la scène : Anna Freud et Mélanie Klein. La fille de Freud, Anna, défend l'idée que l'enfant n'a pas le surmoi mature de l'adulte qui lui permettrait de contrôler les motions pulsionnelles. Elle est suivie par Winnicott, et beaucoup d'autres chercheurs ensuite. Chacun d'entre eux apporte sa pierre à l'édifice pour une (r)évolution totale de la parentalité.

Aujourd'hui, ce sont les dernières recherches en neuro-sciences qui nous aident à avancer vers une meilleure compréhension de l'enfant (je développerai ce point au prochain chapitre). À partir de là, il est établi que le bien-être psychologique de l'enfant fait partie intégrante de ce à quoi tout parent ou éducateur d'enfant aspire.

À l'heure actuelle, on ne peut pas dire qu'on ne sait pas. La recherche avance… et les moyens de diffusions de cette dernière sont en plein essor (Internet, blogs, conférences, ateliers de parents[5]…).

Outil 4

Du bonheur en famille !

Expression - Dès 4 ans

Pour se vouer un respect mutuel, pour se vouer une confiance réciproque.

- L'idée est de se munir d'une feuille et de quoi écrire et de programmer des activités qui réunissent tour à tour des membres de la famille… voire tous les membres de la famille. Remplir le réservoir affectif de chacun, se dire « Je t'aime » autrement qu'avec des mots, se donner de l'attention mutuellement, va contribuer au renforcement mutuel de la confiance en soi.
- On peut planifier des idées d'activités ou de petits bonheurs sur une semaine ou sur un mois par exemple. Un temps plus long serait difficilement appréciable pour les plus jeunes.
- Chacun imaginera sa programmation comme il l'entend. On peut imaginer une **« chaîne pour se porter de l'affection »,** pourquoi pas.
  Ainsi par exemple, Maman emmène l'enfant pour un tête à tête au restaurant. Puis l'enfant aide Papa à ranger son bureau, puis Papa partage une balade en vélo avec la petite sœur, puis la petite sœur masse Maman en jouant au circuit de voitures sur son dos, puis Maman emmène les enfants au cinéma, puis toute la famille passe une demi-journée au parc…

« Ne laissez personne venir à vous et repartir sans être plus heureux. »
Mère Teresa

Le parent stigmatisé

Avec ce souci de bien-être de l'enfant, émerge la notion de « bon parent » qui peut s'accompagner d'un sentiment de culpabilité. Lorsque l'on devient parent, il n'est pas rare d'être stigmatisé par l'entourage… Si votre enfant ne dort pas, c'est que vous n'avez que trop longtemps allaité et développé une relation fusionnelle néfaste. Si votre enfant fait des crises de colère, c'est qu'il lui manque un petit frère ou une petite sœur ! Vous laissez votre enfant autonome en motricité libre : vous frôlez l'inconscience. Autant d'exemples qui vous parlent sans doute… Personnellement, je n'ai pas échappé à ce type de situations. Ces idées reçues participent activement au stress des parents. Chacun, chacune autour de vous aura acquis ses certitudes mais n'oubliez jamais qu'elles fluctuent au gré des modes et des avancées scientifiques. Pensons au portage, à l'allaitement, au sommeil… Isabelle Filliozat écrit d'ailleurs : « **Une chose est certaine, plus nous apprenons sur la psychologie de l'enfant, moins nous avons de certitudes.** » Acceptons qu'en ce début de troisième millénaire les multiples recherches (en neurosciences notamment) nous apportent des renseignements fondamentaux que nous n'avions pas avant…

« Une société qui tient à ses enfants doit veiller sur leurs parents. »

John Bowlby[6]

Acceptons d'écouter notre propre instinct de parent, trop souvent enfoui ou laissé sur le bas-côté. Acceptons de remettre en question notre propre éducation, même si elle nous a apparemment convenu. **Acceptons de devenir « chercheurs » à notre tour !**

Pendant la grossesse et durant les premières années de la vie d'un enfant, on recherche de nombreuses informations.

Qu'il s'agisse de données livresques, de recommandations médicales, d'expériences éprouvées par l'entourage, toutes participent d'une volonté d'embrasser un savoir global, omniscient. Toutes ces informations font partie intégrante de la vie sociale du parent. Toutefois, Carlos Gonzalez nous suggère plutôt de nous inspirer de nos propres valeurs en dépit de l'avis de soi-disant experts. L'instinct va faciliter la remise en question bien davantage quelques guidances extérieures, même offertes de bonne foi. Je n'aurais donc qu'un seul conseil : **faites-vous confiance !** Qui de mieux placé qu'un parent pour connaître son enfant (à part l'enfant lui-même évidemment...) ? Ses besoins ? Ses affects ?

Évidemment, lorsque la situation paraît compliquée, l'avis d'une personne extérieure peut être bienvenu.

Vous me direz qu'en vous encourageant à vous faire confiance, je ne vous livre aucun outil susceptible de vous aider dans votre démarche. Peut-être même vous sentez-vous un peu perdu(e)… ?

« Sachez que chaque bébé est unique.
Ce qui marche pour l'un ne marchera pas
pour l'autre, même s'il s'agit de son frère ou
de sa sœur. Méfiez-vous des méthodes toutes faites
et regardez votre enfant. C'est lui qui à chaque
instant de sa vie vous dira ce qu'il lui faut.
Il y a encore des parents pour croire que le bébé naît
sans mode d'emploi : c'est faux !
Le mode d'emploi, c'est lui-même :
suivez-le donc à la lettre. »

Rosa Jové [7]

Dire à quelqu'un de se faire confiance sans lui apporter la connaissance ne l'aide pas. En effet, pour faire les choses comme on le sent, il me paraît nécessaire d'être un adulte accompagnateur informé. Et ce ne sont pas les sources d'informations qui manquent : livres sur la parentalité, émissions télévisées, radio, magazines, sites internet… Dans la sphère éducative, comme ailleurs souvent, les données sont la plupart du temps partielles et partiales. Sans chercher à devenir un érudit sur la question, partir soi-même à la pêche aux informations permet de prendre confiance et de s'affirmer face aux autres, face aux professionnels qui usent (voire peuvent abuser parfois) de l'argument d'autorité. Un adulte informé est une personne éclairée et consciente de ses choix, de ses valeurs ; elle est alors plus à même d'être confiante.

Peut-être serait-il bienvenu aussi que nous arrêtions de nous comparer les uns aux autres ? Cela ne fait qu'allumer l'interrupteur « culpabilité » dans notre cerveau. Les autres paraissent toujours se débrouiller d'une bien meilleure façon. J'insiste sur l'emploi du verbe « paraître ». Il est intéressant d'avoir à l'esprit que, dans la sphère parentale il y a des choses qui, par habitude, ne « se disent pas ». Je prends pour exemple une conversation portant sur l'acquisition de la continence que j'ai pu avoir avec des amies. Les personnes présentes m'annoncent que leur enfant est continent, jour comme nuit, bref que tout va pour le mieux dans le meilleur des mondes. J'expose le cas de mon enfant, incontinent la nuit à quatre ans donc portant encore des couches… et ne demandant surtout pas à voir une quelconque évolution à sa situation. J'évoque le respect du rythme de mon enfant, le lâcher-prise, et ma volonté de ne m'inquiéter pour un éventuel souci que dans quelques années. À ce moment-là, mes interlocutrices sont revenues sur leurs dires, se sont confiées sur le fait que l'un des enfants portait lui aussi des protections nocturnes, qu'un autre avait besoin du retour à la couche seulement cinq minutes par jour pour l'évacuation des selles, etc. En fait, il a fallu que j'évoque ma situation personnelle, éloignée de la situation idéale, pour que les langues se délient.

Au final, je pense que cela a fait du bien à tout le monde…

« Il n'est qu'un luxe véritable,
c'est celui des relations humaines. »
Antoine de Saint-Exupéry

Le regard des autres est parfois pesant, voire hostile. **Agir sans se préoccuper des autres n'est pas chose aisée. Plus d'une fois je me suis sentie obligée de me justifier, d'expliquer. Puis, au fil des années, j'ai appris à lâcher prise.** Il m'est arrivé aussi d'éprouver de la honte : mon enfant a voulu porter des chaussettes avec ses sandales, il a parlé sur un ton condescendant à un camarade, il s'est mis à courir partout dans le supermarché malgré mes appels. Et puis, j'ai eu honte d'avoir honte. Après tout, chaque enfant est différent. Et quand bien même, un enfant reste un enfant ! Il vit, il joue, il s'oppose, il expérimente, il crée. À force de questionnements, j'ai réussi à entamer un travail sur moi-même et j'en ai conclu que, pour répondre au mieux aux besoins de mon enfant, je me devais de m'extraire de ce regard des autres. J'ai appris à construire de manière cohérente en me recentrant systématiquement sur ma relation avec mon fils en imaginant une bulle. Il se met à hurler car il ne veut pas quitter les jeux du parc ? Je me concentre sur lui, je focalise mon attention sur son besoin réel du moment, j'essaie de comprendre ce qui se passe en lui et en moi, je tente d'accueillir ses émotions au mieux. Le regard des autres, je ne le perçois (presque) plus. C'est ça aussi se faire confiance en tant que parent ou éducateur !

Avoir confiance en soi et avoir la certitude que ce que l'on fait est juste, voici la clé. C'est notre amour qui va nous dicter nos gestes. Le modèle du moule social n'est qu'une illusion.

Outil 5

Explications de textes

Expression - Dès 6 ans

Pour échanger, argumenter, sur des citations évoquant la confiance en soi !

▸ Voici un ensemble de cartes à fabriquer, imprimer et plastifier. Diverses utilisations sont possibles :

1. **Les déposer dans une jolie boîte** ou un bocal. Lors d'un moment de calme, lire une citation, ou plusieurs, voire l'ensemble… les expliquer, les méditer, donner des exemples.
2. **Les afficher** (pour les plus grands) au-dessus du bureau, sur le frigo, tout autour du miroir de la salle de bain.
3. **En faire un jeu.** Chacun pioche une carte et cela donne lieu à un échange motivant.

▸ Liste non exhaustive de citations constitutives du jeu :

1. *« Si vous pouvez le rêver, vous pouvez le faire. »* (Walt Disney)
2. *« Si vous n'échouez pas de temps à autre, c'est le signe que vous ne tentez jamais rien de vraiment novateur. »* (Woody Allen)
3. *« Tu t'es trompé, c'est fantastique ! Qu'apprends-tu de cette erreur ? »* (Jane Nelsen)
4. *« Le succès c'est d'aller d'échec en échec, sans perdre son enthousiasme. »* (Winston Churchill)

•••

...

5. *« Apprends à échouer ou tu échoueras à apprendre. »* (Tal Ben Shahar)
6. *« Il n'y a pas d'erreur bête, il n'y a que des erreurs intelligentes. » (Audrey Akoun et Isabelle Pailleau)*
7. *« L'important est que les choses soient faites, pas parfaites. »* (Audrey Akoun et Isabelle Pailleau)
8. *« Il n'y a jamais d'échec, Il n'y a que des expériences. »* (Michel Claeys Bouuaert)
9. *« Souvenez-vous que vous avez le droit d'être unique mais aussi le devoir. »* (Anna Eleanor Roosevelt)
10. *« Je n'ai pas échoué. J'ai simplement trouvé 10 000 solutions qui ne fonctionnent pas. »* (Thomas Edison)
11. *« Un pessimiste voit la difficulté dans chaque opportunité, un optimiste voit l'opportunité dans chaque difficulté. »* (Winston Churchill)
12. *« Tous les hommes pensent que le bonheur se trouve au sommet de la montagne alors qu'il réside dans la façon de la gravir. »* (Confucius)
13. *« Il y a des gens qui disent qu'ils peuvent, et d'autres qu'ils ne peuvent pas. En général, ils ont tous raison. »* (Henry Ford)
14. **N'hésitez pas à ajouter une réflexion personnelle...**

« Ce qui te manque, cherche-le dans ce que tu as. »
Koan Zen

Les prémices de la confiance : grossesse, naissance, premières séparations et rythme de la vie quotidienne

La grossesse, une naissance sont des périodes émotionnellement intenses, souvent sources d'anxiété. La grossesse comme la naissance peuvent expliquer quelques comportements de l'enfant. Mais il ne s'agit pas de tomber dans les travers de la sur-explication et de tout justifier par ces moments si particuliers de la vie. En bref, la culpabilisation à outrance ne fera pas avancer les choses. Selon les configurations familiales (deux parents qui travaillent, l'un restant au foyer), le modèle familial est différent mais il est nécessaire qu'il soit assumé afin que chacun soit à l'aise avec son cadre de vie.

Trop souvent on évoque la confiance de l'enfant en oubliant de s'intéresser à son contexte de vie. Ses parents travaillent-ils ? Sont-ils à l'aise dans leur cadre de vie ? Comment s'est déroulée la grossesse de la maman ? Eh oui, construire la parentalité c'est construire le lien dès la grossesse. À savoir, l'haptonomie est une méthode qui participe à la construction de la relation parent-enfant *in utero* (*cf.* zoom sur l'haptonomie).

Prendre soin de soi, accepter de voir son corps se transformer, (re)connaître les variations émotionnelles tels sont les défis de la grossesse.

Zoom sur l'haptonomie: La confiance avant la naissance

Père de l'haptonomie, Frans Veldman tente de définir cette pratique. Selon lui, elle est une « science de l'affectivité » et il explique qu'elle « **permet aux parents d'entrer tactilement en contact affectif avec le bébé dans le giron de la mère. Par ce contact, ils apprennent à communiquer avec leur enfant, d'une manière qui développe des interactions auxquelles il participe activement** ». Le sens du toucher est la base même de cette méthode puisqu'il s'agit d'exercer sur le ventre de la mère des petites pressions, des caresses, avec comme fond sonore, la voix des parents. L'enfant *in utero* perçoit très tôt ces échanges, selon Frans Veldman. La qualité du contact humain sécurise l'enfant, comme il est susceptible de rassurer n'importe quel être humain. Ce sentiment de sûreté est ainsi transmis à l'enfant à naître.

Plus il est chargé d'affectivité dans le ventre de sa maman et plus le bébé a l'opportunité de s'épanouir et d'enrichir son capital confiance. « Les bébés qui ont communiqué avant leur naissance sont toujours très différents, ouverts, chaleureux et plus éveillés », a pu remarquer Edwige Antier[8].

Pour les parents, ces exercices constituent l'occasion de prendre le temps de savourer cette incroyable période qu'est la grossesse.

L'haptonomie commence dès le quatrième mois de la grossesse. Passé le septième mois il est trop tard. Vous contacterez un haptothérapeute (médecin, sage-femme, kinésithérapeute) formé à cette méthode par le Centre International de Recherche et de Développement de l'Haptonomie[9] (CIRDH) ou par l'Institut scientifique d'haptonomie[10] (ISH).

Pour soulager et accompagner le bien-être d'une future maman, et donc celui de son bébé, bien des méthodes existent. Nous pouvons citer l'ostéopathie, l'acupuncture, la réflexologie, la sophrologie, le shiatsu, etc. À chacune de trouver sa solution[11].

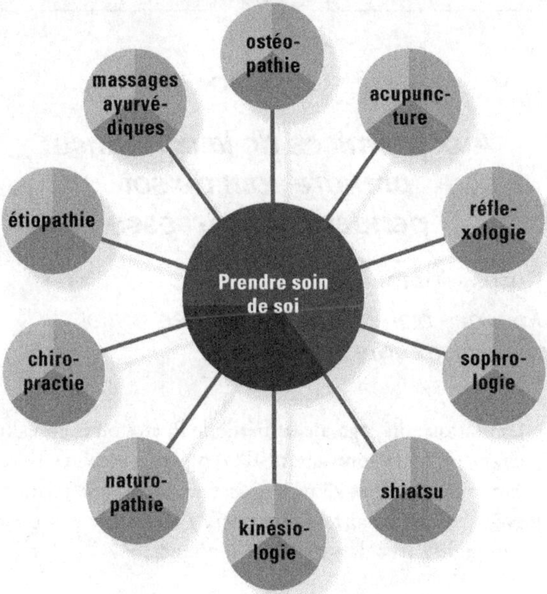

Prendre soin de soi pendant sa grossesse

Pour les femmes enceintes à la recherche d'aide, pourquoi ne pas faire appel à une *doula*? Cette dernière est une femme chargée de soutenir les parents pendant la grossesse, l'accouchement et la période postnatale[12]. C'est un accompagnement non-médical à la naissance. Pour qu'une grossesse et un accouchement se déroulent en toute sérénité, la future mère doit éprouver un sentiment de sécurité intérieur trop rarement entretenu par l'environnement médical.

Elle va rassurer profondément la femme et il est à noter que dès les rencontres prénatales, la *doula* va représenter une ressource non négligeable pour le futur papa.

Outil 6

Aux prémices de la confiance : prendre soin de soi pendant la grossesse

Corps - Maman

Pour que bien-être rime avec bien-naître, pour mieux vivre sa grossesse.

▸ La pratique du yoga, de la méthode Pilates ou encore du chant prénatal sont autant d'exemples d'activités pouvant aider à mieux vivre sa grossesse, nouer une relation avec l'enfant à naître et envisager l'accouchement et la parentalité avec davantage de confiance.

▸ **1. Pratiquer le yoga prénatal**

Relaxant et apaisant, il a pour but d'harmoniser le corps et l'esprit et vise à atteindre l'équilibre. Il associe étroitement mouvements et étirements à un travail respiratoire.

Le yoga prénatal va de positions très simples à de réels exercices acrobatiques. Il permet de faire face à certains maux de la grossesse comme les brûlures d'estomac, les maux de dos ou encore les angoisses. La future mère se sent plus agile, plus mobile, plus confiante. De plus, les outils sont une aide à la gestion de la douleur et du stress lors de l'accouchement.

« Yoga, cela veut dire Union. »
Bernadette de Gasquet,
médecin et professeur de yoga

…

▸ 2. Se mettre à la méthode Pilates

La méthode Pilates est un ensemble d'exercices permettant de combiner le travail de la souplesse ainsi que de la force tout en permettant une meilleure conscience de son corps. Respiration et relaxation sont également au rendez-vous dans cette quête vers la connaissance de son corps. Dans ce mélange de yoga, de danse et de gymnastique, le ventre et les muscles du périnée sont extrêmement sollicités car ils s'affaiblissent pendant les neuf mois que dure la grossesse. Beaucoup d'exercices de la méthode Pilates se font à quatre pattes, une position bénéfique pendant le temps de la grossesse.

▸ 3. S'exercer au chant prénatal [13]

Le chant prénatal a diverses vocations, dont le bien-être pendant la grossesse, l'établissement d'une relation avec l'enfant à naître, l'accompagnement de l'accouchement et une continuité dans la vie extra-utérine. Les vibrations du chant favorisent la décontraction. Il n'est pas nécessaire de savoir chanter ni d'avoir des connaissances musicales. Le chant prénatal permet de créer un lien émotionnel très fort, décuplé par des intentions de tendresse et d'amour sincères. Le chant prénatal consolide la confiance des futures mamans.

« Maison de la naissance, ô nid, doux coin du monde !
Ô premier univers où nos pas ont tourné ! »
Marceline Desbordes-Valmore

Chaque parent rêve ses enfants avant même qu'ils viennent au monde. Évidemment, les enfants nous comblent de bonheur… Mais ils sont sources aussi d'angoisse, et de découragement parfois. Autant le savoir tout de suite!

Pour ma part, j'ai ressenti plus d'une fois un sentiment de trahison de la part des femmes de ma famille et de mon entourage. Plus d'une fois, je me suis demandée pourquoi aucune d'elles ne s'était ouverte des difficultés, de la fatigue, de la remise en question perpétuelle… Ces confidences ne se faisaient peut-être pas à l'époque? Peut-être aussi était-ce plus simple du fait du regroupement géographique des membres d'une même famille? J'aime ce proverbe qui dit qu'**il faut tout un village pour élever un enfant.** Nous avons un peu oublié tout cela… Aujourd'hui les grands-parents sont loin, sont encore en activité et les parents doivent trouver d'autres personnes-ressources, capables de les écouter et de les aider. Entre épuisement, découragement, culpabilité, sentiment de ne pas être à la hauteur… beaucoup de parents ont besoin d'être aidés. À noter que les réseaux d'aide proposent un accompagnement à la fonction parentale, basé sur l'écoute et l'échange. Il s'agit entre autres, de détecter et de lutter contre le *burn-out* parental (concernant encore majoritairement les mères[14]).

Guérir son enfant intérieur

Être parent est un engagement avec certains devoirs. Une de vos missions principales est de remplir le réservoir affectif de votre enfant ; et pour cela, le vôtre doit être plein ! Prenons l'exemple d'un moment de dépressurisation dans l'avion. Qui doit mettre le masque à oxygène en premier ? L'adulte afin d'être en position de force pour venir en aide à l'enfant. Pour l'éducation, la parentalité, les chemins qui mènent à la confiance, c'est pareil…

Son enfant qui évolue et s'épanouit c'est aussi notre enfant intérieur qui refait surface. Jusqu'alors, cette partie de nous-même était restée cachée en notre for intérieur mais aujourd'hui, la voilà qui fait surface. Selon Karine Le Goaziou[15], thérapeute pour enfant, l'une des difficultés majeures réside dans la mise en place « d'une autorité cohérente malgré les automatismes » du parent qui a tendance à reproduire le schéma vécu pendant sa propre enfance.

Cet enfant intérieur est constitué de souvenirs heureux mais aussi parfois de blessures que l'on croyait définitivement guéries et qui se réactivent. Le simple fait d'écrire une lettre ou d'avoir une conversation virtuelle avec l'enfant que nous étions peut guérir ces plaies du passé qui ont pu – ou peuvent encore – entamer notre confiance. J'en ai fait l'expérience lors d'une séance de sophrologie/visualisation. J'ai beaucoup de mal à accepter mon image, mon physique, mon corps. J'ai donc discuté avec la petite fille en moi qui souffrait et qui souffre encore, celle à qui on a répété «À trois mois tu étais au régime», «Tu étais tellement goulue que tu finissais mes assiettes», «Tu étais tellement potelée qu'on ne pouvait faire la différence entre tes bourrelets et tes fesses». En bref, je rassure cette petite fille qui s'imagine obèse alors qu'elle est juste un peu potelée. De ce fait, je sais pourquoi j'ai tant de mal à accepter une remarque sur la taille ou le poids de l'un de mes enfants. Je travaille sur moi-même. Et je sais que je saurai protéger mes enfants sur ce point. L'enfant intérieur désigne la part enfantine (ou infantile) de l'adulte construite à partir de l'enfant que nous avons été et qui vit toujours en nous. **Ce que nous vivons durant notre enfance s'imprime en nous…** Et parfois la souffrance perdure dans la vie d'adulte, que ce soit dans le domaine professionnel, social, affectif, ou sexuel. Guérir son enfant intérieur, c'est se libérer. Mettre le doigt sur l'origine de ses difficultés permet de mieux se comprendre, d'échapper à l'accablement et d'emprunter le chemin salutaire de l'ouverture à soi et au monde. C'est la voie qui vous permettra de construire une relation harmonieuse avec votre enfant.

Il ne s'agit donc pas de juger en bien ou en mal tel ou tel parent mais plutôt de chercher à comprendre ce qui se passe en nous, comment parfois les résurgences du passé entrent en conflit avec notre présent, nous empêchant de devenir l'accompagnateur que nous souhaiterions être.

> *« Penser l'enfant c'est avant tout panser son Enfant intérieur, vous dégager de croyances éducatives, des principes, c'est accepter de voir votre propre Enfant intérieur et en prendre soin. »*
>
> Arnaud Deroo

Se renvoyer à son propre vécu

Il serait dangereux de tomber dans le piège de la transposition en cherchant à faire correspondre à tout prix notre enfant à nos attentes. L'enfant a des compétences et une personnalité qui lui sont propres. **Votre histoire ne sera pas la sienne!**

Une des inquiétudes majeures des parents se porte sur la scolarité et l'entrée dans la vie professionnelle. Bien sûr, nous sommes tous particulièrement sensibles à ce qui touche au succès ou à l'échec de nos enfants et la prise de recul n'est pas toujours facile. Depuis plusieurs années, en tant que professeur principal de classe de troisième (fin de cycle 4), j'entends la volonté de certains parents de voir leur enfant emprunter une voie qu'ils qualifient de « royale », à savoir le cursus en lycée d'enseignement général, filière scientifique. Ils oublient malheureusement les envies et centres d'intérêts de leur enfant… Par l'instauration du dialogue, mon rôle de professeur est alors de rassurer tout le monde et de faire en sorte que l'enfant soit compris et exaucé dans ses vœux d'orientation. Avec certains collègues, il me faut parfois partir en croisade contre les attentes du système…

> *« Quand j'étais petit, ma mère m'a dit que le bonheur était la clé de la vie. Quand je suis allé à l'école, ils m'ont demandé ce que je voulais être quand je serais grand. J'ai répondu "heureux". Ils m'ont dit que je n'avais pas compris la question. J'ai répondu qu'ils n'avaient pas compris la vie. »*
>
> John Lennon

Pour s'adresser à un enfant, il est important de ne pas tout ramener à sa propre personne, à sa propre histoire, à sa propre expérience. Peut-être pouvons-nous bannir une bonne fois pour toutes les phrases commençant par « De mon temps », « À mon époque… », « À ta place… », « Je te l'avais bien dit ». À moins, bien évidemment, que l'enfant le demande. L'enfant est un adulte en devenir, il a une personnalité propre, une existence établie, un potentiel et des goûts individuels.

Pour résumer, parentalité et angoisse sont intimement liées. Toutefois, soyons vigilants ; nos inquiétudes ne doivent pas faire obstacle au développement de notre enfant.

« La patience, l'intelligence émotionnelle,
la bienveillance, tout cela s'apprend, s'affine
et se développe comme la plupart de nos autres
facultés : nous ne sommes pas condamnés
à reproduire ce que nous avons toujours connu ! »
Thomas d'Ansembourg [16]

La réciprocité de la confiance

En matière d'éducation, nous utilisons souvent la valeur de l'exemple. Nous sommes d'ailleurs des figures référentes pour l'enfant qui agit la plupart du temps par mimétisme.

Pour qu'un enfant ait confiance en lui, il lui faut tout d'abord avoir confiance dans sa figure d'attachement, soit l'adulte qui est sa « référence ». Et pour ce faire, l'enfant doit sentir que l'adulte est lui-même en confiance dans son rôle de parent. Ainsi, lorsque je suis rentrée de la maternité, à la naissance de mon premier enfant, j'ai appliqué un conseil simple que l'on m'avait très justement prodigué : **effectuer les gestes de soin avec assurance, ou du moins, en donner l'impression.** Le bénéfice était double. Premièrement, cela envoyait un signal fort à mon nouveau-né (« Maman sait faire, elle a confiance en elle, je peux avoir confiance en elle ») et deuxièmement, cela alimentait mon réservoir de confiance… qui frôlait parfois dangereusement le déficit.

« Les adultes sont des phares
qui doivent être vus et éclairer partout. »
Anne-Marie Fontaine [17]

En donnant à voir aux enfants des adultes aimants, respectueux, en pleine conscience et en pleine confiance, nous leur offrons le spectacle vivant de ce qu'ils sont susceptibles de devenir.

Facile en théorie, un peu moins en pratique me direz-vous…

À RETENIR
Le pouvoir des neurones miroirs

Connaissez-vous les neurones miroirs ? Découverts au début des années 1990, ils jouent un rôle dans l'imitation ainsi que dans le déchiffrage des intentions et des émotions d'autrui. Vilyanur Ramachandran, directeur du **Center for Brain and Cognition** *de l'université de Californie écrivait : « Je prédis que les neurones miroirs feront pour la psychologie, ce que l'ADN a fait pour la biologie. Ils vont fournir un cadre unifiant et aider à expliquer une quantité de dispositions mentales qui restaient jusqu'à présent mystérieuses. » Les neurones miroirs perçoivent les gestes et actions d'une personne… mais aussi ses sentiments et ses intentions. Pour faire simple, ils préparent l'individu à imiter le geste de quelqu'un ou à ressentir ce qu'il ressent. Ainsi, lorsque l'on observe un comportement ou un mouvement, c'est comme si notre esprit le réalisait. De ce fait, si je regarde quelqu'un manger, alors la zone de la bouche s'active dans mon cerveau [18]. Si quelqu'un bâille, je peux bâiller également. Invariablement, une partie de notre cerveau fait l'amalgame entre « voir/imaginer/faire » et « faire ». L'enfant est donc programmé pour copier les faits et gestes, les paroles, les intonations, la façon de communiquer de ses parents. Évidemment, d'autres facteurs entrent en compte, car les membres d'une même fratrie ne sont pas des copies conformes ; la notion de tempérament a aussi toute sa place. Mais gardons à l'esprit que pour influer sur la confiance de l'enfant, il est préférable de commencer par agir sur notre propre « potentiel confiance », nous, adultes, figures d'exemple.*

Outil 7

Une pincée de Yoga ! Un soupçon de dodo !

Yoga / Méditation - Dès 3 ans

Pour préparer et aider à acquérir une image de soi qui permet de développer la confiance en soi en favorisant un endormissement serein. Se laisser aller au sommeil en toute confiance permet d'entrevoir un lendemain envisagé avec un état d'esprit positif !

► On peut proposer cette posture de visualisation à l'enfant seul ou le faire avec lui. Imaginez un texte énoncé sur un ton calme, apaisé et lent.

« Allonge-toi sur le dos, les bras le long de ton corps. Inspire profondément… puis expire longuement. Visualise-toi sur un nuage, tout doux et moelleux. Il est blanc. Ton corps s'enfonce dans sa douceur. Le nuage et toi, vous montez haut, très haut, là-haut dans le ciel. Ton corps flotte. Le nuage t'emmène dans un endroit que tu aimes, un endroit qui te rassure, un endroit où tu voudrais être. Regarde comme cet endroit est merveilleux. Écoute les sons. Sens les odeurs. Que c'est agréable d'être là, ici et maintenant. Douce nuit [19]. »

•••

▶ Il existe des tas de **variantes** possibles. Libre à chacun d'adapter le texte de la visualisation. Si la journée n'a pas été très agréable, on peut proposer à l'enfant une séance dans laquelle il se débarrasse du négatif :

« Allonge-toi sur le dos, les bras le long de ton corps. Tu as de grandes ailes (ou une cape de super-héros pourquoi pas...) et tu voles. Tu portes deux sacs. Celui qui se trouve à ta droite contient ce que tu trouves agréable alors que celui qui se trouve à ta gauche contient ce que tu trouves désagréable. Aujourd'hui, qu'est ce qui a retenu positivement ton attention ? Qu'est-ce que tu retiens comme petits bonheurs et moments agréables ? Mets tout cela dans le sac de droite. Aujourd'hui, as-tu vécu ou ressenti des choses désagréables ? Mets tout cela dans le sac de gauche. Tu continues de voler. Tu es léger, libre comme l'air. Les deux sacs deviennent de plus en plus légers. Tu es léger, tu es paisible, tu te sens bien, tu es enveloppé de douceur. Que c'est agréable d'être là, ici et maintenant. Douce nuit. »

« Le plus grand voyageur n'est pas celui qui a fait dix fois le tour du monde, mais celui qui a fait une seule fois le tour de lui-même. »

Gandhi

3. MANQUE DE CONFIANCE EN SOI ET ANGOISSES

L'anxiété souvent présente

« Est-ce difficile ? »
« Est-ce que j'en suis capable ? »
« Est-ce que je vais y arriver ? »
« Est-ce que je serai soutenu ? »

Un enfant peut se trouver confronté à une situation nouvelle, qu'il ne maîtrise pas, et qui peut même le mettre en difficulté. Avant de s'engager dans l'action, il se pose à coup sûr plusieurs questions : « Est-ce difficile ? », « Est-ce que j'en suis capable ? », « Est-ce que je vais y arriver ? », « Est-ce que je serai soutenu ? » S'il répond par l'affirmative à ce fil de questions, alors la confiance en soi de l'enfant augmente. Et, de fait, l'angoisse diminue… même si elle ne disparaît pas pour autant. Quand bien même l'enfant serait confronté à l'échec plusieurs fois, sa confiance en soi ne sera pas immédiatement altérée. C'est la répétition des expériences d'échecs qui le plonge alors dans une spirale de négativité, qui augmente l'anxiété et fait nettement baisser le niveau de sa confiance. Ainsi, face à une situation stressante (en l'occurrence ici une situation d'échecs répétés), l'enfant centre sa stratégie sur la manière de surmonter l'angoisse, et non pas sur l'épisode qu'il affronte. Par exemple, la colère annihilant l'angoisse, c'est l'exemple type de l'enfant qui s'énerve, parfois fort violemment, en jouant, en tentant de faire une construction avec des cubes… Afin de tenter de faire diminuer l'angoisse, il met en place une stratégie comportementale, cognitive, émotionnelle. Dans ces moments, l'enfant a besoin d'être rassuré, d'être écouté : « Je vois un enfant en colère. Sache que je comprends ton inquiétude. »

Les réponses face à l'angoisse

Face à des situations angoissantes, les stratégies mises en place par l'enfant sont variées. Il est important de les reconnaître. Quand un enfant pose beaucoup de questions avant de se lancer, qu'il prend vraiment plus de temps que les autres, qu'il est plus timoré, c'est une stratégie. Quand un enfant préfère déléguer, cela en est une autre. Mais faire à sa place pourrait le conforter dans l'idée de son incapacité justement. Quand un enfant refuse de faire, c'est encore une autre manœuvre. Annihiler l'angoisse par l'évitement est une solution que certains retiennent. Ce fut la solution adoptée par mon fils aîné au sujet de l'éveil artistique. Il n'a réellement réalisé ses premiers dessins que vers deux ans et demi, voire trois ans. Avant cet âge, il ne voulait pas dessiner, me demandant de dessiner telle ou telle chose. Je me suis toujours efforcée de dire la vérité : « C'est normal de ne pas être satisfait de ses premiers dessins tu sais. C'est à force d'entraînement que ton tracé devient plus sûr. Quand je tente quelque chose de nouveau, moi aussi il m'arrive de devoir m'y reprendre à plusieurs fois avant d'être satisfaite de mon travail. »

Qu'est ce qui inquiète l'enfant qui manque de confiance ?

D'après le Dr Gisèle George[20], il existe **trois situations qui peuvent inquiéter l'enfant en mal de confiance : se débrouiller seul, montrer ses compétences intellectuelles ou physiques, affronter le regard de l'autre.** Un enfant qui n'a pas confiance en lui voit ses pensées obscurcies par une future et probable catastrophe. Il pense que l'échec lui sera imputable sans même prendre en compte les facteurs extérieurs susceptibles objectivement d'entraver ses compétences. « C'est trop difficile », « Je ne suis pas capable », « Je ne suis pas assez intelligent(e) », « Les autres vont se moquer de moi », « Pourquoi tout le monde y arrive et pas moi ? » sont autant de phrases puissamment négatives qui résonnent en lui.

Pour l'enfant qui n'a pas confiance en lui, elles raisonnent avec l'image dépréciative qu'il a de lui-même. Par ailleurs, en plus de penser qu'il est (l'unique) responsable de ses échecs, l'enfant non confiant est dans l'incapacité de s'approprier ses propres réussites. Au mieux elles sont le fruit du hasard, un coup de chance.

Notre devoir est d'accompagner nos enfants en les rassurant, en tissant le lien de confiance, par des regards aimants, par des paroles sincères (*cf.* outils). **Vous devez être vrai face à votre enfant, c'est la clé de l'attitude réconfortante.**

Outil 8

Aujourd'hui je veux me sentir...

Yoga / Méditation - Dès 3 ans

Pour se réveiller tranquillement afin de commencer la journée avec bonheur et confiance.

- Beaucoup d'enfants aiment le côté ludique du yoga. Il s'agit ici d'un autre exercice de visualisation.
- On peut proposer cette posture de visualisation à l'enfant seul ou le faire avec lui.

Imaginez un texte énoncé sur un ton calme, apaisé et lent.

«Assieds-toi confortablement. Étire ton dos, comme si tu te grandissais, et ouvre délicatement tes épaules sur l'extérieur. Puis, doucement, ferme les yeux et pose tes mains sur tes genoux. Inspire profondément... puis expire longuement. Tu es détendu. Inspire profondément... puis expire longuement. Doucement, laisse émerger un mot qui définirait ta journée, un mot qui définirait comment tu veux te sentir aujourd'hui. Cela peut être heureux, confiant, curieux. Cela peut être joyeux, courageux. Inspire profondément... puis expire longuement. Pense à ce mot. Laisse-le imprégner tout ton corps et ton esprit. Inspire profondément... puis expire longuement. Pense à ce mot. Pense à la journée qui arrive. Inspire profondément... puis expire longuement. Ouvre délicatement les yeux. Bonne journée[21]*. »*

« Vous ne pouvez choisir ni comment mourir, ni quand. Mais vous pouvez décider de comment vous allez vivre. Maintenant. » Joan Baez

L'ESSENTIEL À RETENIR

- La confiance en soi est un vaste concept à géométrie variable : elle concerne la façon dont un individu réagit intérieurement face à une situation donnée.
- Il n'existe pas de parent parfait. Il est important de savoir lâcher prise face à la pression que nous nous imposons, ou que l'entourage, la société et ses modèles nous imposent.
- Nous sommes tous humains, avec nos émotions et réactions propres, nos peurs, nos doutes, nos angoisses.
- L'envie de bien faire des parents, la crainte d'être jugés par l'entourage ainsi que l'image négative que nous portons sur nous-mêmes, nous amènent parfois à manquer de discernement.
- Verbaliser ses propres craintes est un réflexe souvent salvateur.
- La spirale négative augmente l'anxiété et fait baisser la confiance en soi.
- Trois situations peuvent inquiéter un enfant en mal de confiance : le fait de se débrouiller seul, montrer ses compétences intellectuelles ou physiques, affronter le regard d'autrui.
- Un enfant non confiant pense souvent que s'il échoue, c'est de sa faute, et que s'il réussit, c'est de la chance.

2

COMPRENDRE

Aux sources de la confiance

1. LE FONCTIONNEMENT DU CERVEAU DE L'ENFANT

« Dans la vie rien n'est à craindre,
tout est à comprendre... »
Marie Curie

Les neurosciences nous renseignent

Les neurosciences ont le vent en poupe et constituent désormais une ressource indispensable. Les découvertes s'accélèrent. Ainsi, le système limbique a la capacité de condenser l'énergie de l'émotion : hypothalamus et hypophyse sont chargés d'envoyer l'énergie contenue dans l'émotion dans le corps.

Les neurosciences nous dévoilent également tout ce qui est susceptible d'inhiber les bonnes connexions neuronales et de perturber les sécrétions d'hormones alimentant la confiance en soi. Nous avons donc aujourd'hui les moyens scientifiques de comprendre comment entretenir, influencer, protéger mais aussi réparer la confiance en soi.

Pénétrer les neurosciences, c'est accepter de remettre en cause une multitude de représentations, de connaissances, voire de croyances. Ainsi, avons-nous tendance à entretenir un rapport dogmatique à certaines interprétations du savoir, comme s'il faisait partie d'un ensemble irréfutable et quasi universel. « L'exemple classique de l'atome fait l'unanimité : peu d'entre nous l'ont vu, mais personne ne s'imagine mettre en doute son existence », écrivent Caterina Fiorilli et Pierre-André Doudin[22]. Ainsi l'imagerie cérébrale a-t-elle fait des progrès impressionnants. Elle nous en apprend désormais davantage sur l'architecture du cerveau de l'enfant et sur son évolution individuelle.

Qu'en est-il ? Le cerveau de l'enfant est immature.

À RETENIR

Rappelons tout d'abord qu'il existe schématiquement trois cerveaux :

- ***Le cerveau archaïque*** *ou reptilien (tronc cérébral et cervelet), la partie la plus ancienne chargée de gérer les fonctions primaires liées à la physiologie de base (respiration, pression artérielle, sommeil…). En cas de danger, sa seconde fonction est de déclencher des comportements instinctifs engageant la survie de l'espèce (attaque, fuite).*
- ***Le cerveau émotionnel*** *(ou « système limbique ») qui fait ressentir de façon générale toute la palette des émotions. Il est tempéré par le néocortex.*
- ***Le néocortex*** *(ou « cerveau supérieur ») lié à la conscience, au langage, aux perceptions sensorielles…*

Pendant les premières années de vie, le cerveau de l'enfant est immature ; dominent les cerveaux reptilien et émotionnel, le cerveau supérieur restant encore en formation. La maturation du cerveau s'observe *a minima* durant les deux premières décennies de la vie. Cela permet d'expliquer un certain nombre de réactions chez les plus jeunes. Selon Catherine Gueguen : « **Ces considérations sur le développement et la maturation du cerveau de l'enfant permettent de comprendre que le petit enfant n'a pas, physiologiquement, la capacité de gérer l'ensemble des situations et des émotions auxquelles il est confronté**[23]**.** »

Un enfant apprend plus durant ses trois premières années de vie que durant tout le reste de son existence. À sa naissance, il possède déjà cent milliards de neurones. Et c'est l'environnement affectif et éducatif qui va avoir des répercussions sur ce capital de départ.

Plus un enfant a confiance en lui, plus le cerveau préfrontal[24] se développe. Il existe donc un lien étroit entre les deux. Nous pouvons en déduire qu'il suffirait alors de stimuler cette zone du cerveau afin qu'elle se développe… et alimente le cercle vertueux.

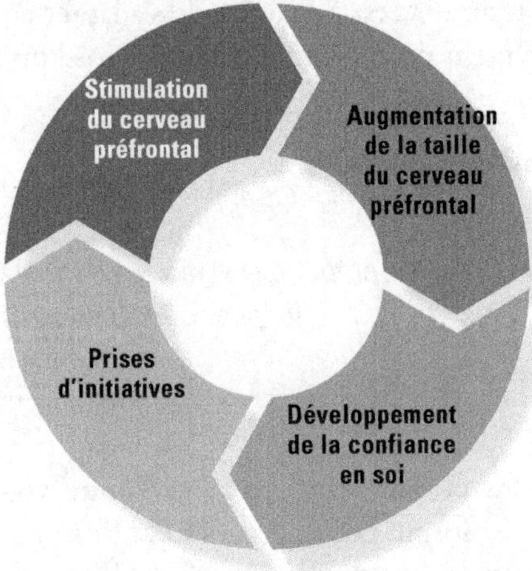

Cercle vertueux d'alimentation de la confiance en sa personne propre

Lorsque nous donnons un ordre à un enfant, le cerveau préfrontal est inhibé, et la confiance en soi ne peut donc se développer. Alors comment stimuler cette zone du cerveau ?

- **En proposant des choix,** sans pour autant que cela devienne un mode de communication systématique (« Tu prends une douche ou un bain ? »).
- **En posant des questions** au lieu de toujours apporter des réponses (« On part à l'école. Quel objet apporte-t-on ? »).
- **En faisant réfléchir** l'enfant aux conséquences de ses propres actes (« Que fait ton frère ? Il pleure ? Qu'est-ce qui a amené à cette situation ? »).

En résumé, c'est à l'adulte de s'adapter au fonctionnement du cerveau de l'enfant, pas l'inverse!

La plasticité cérébrale

« Le cerveau préfrontal est le siège du libre arbitre, les permissions le nourrissent. »
Isabelle Filliozat

Je sens poindre chez certains d'entre vous une certaine forme de culpabilité. Rassurez-vous. Même si les premières années de la vie de l'enfant sont fondamentales puisque les connexions neuronales de son cerveau se font à une vitesse vertigineuse (700 à 1 000 nouvelles connexions par seconde pour l'enfant de moins de cinq ans, moins de 10 pour l'adulte), la plasticité de son cerveau lui permet tout de même d'évoluer tout au long de sa vie. En dépit du titre d'un best-seller de l'éducation, non, tout ne se joue pas avant six ans… il est toujours temps de réparer ce que l'on prend pour des erreurs, de réaménager les bases de la relation. «**Tout ne se joue pas avant six ans et heureusement**», écrit Brigitte Prot [25], psychopédagogue, enseignante et formatrice, et elle renchérit: «**Beaucoup de choses se jouent, c'est vrai. Le socle se construit, notamment sur le plan affectif. Mais rien n'est définitivement joué sur le plan des compétences. C'est d'ailleurs un terme qui dramatise les apprentissages à un âge où l'on a**

naturellement envie d'apprendre. Ce que ces officines proposent, c'est une imposture : le risquer de bloquer un gamin pour rassurer ses parents. »

À chaque expérience de vie (chose vue, entendue, vécue…), une connexion neuronale se crée ; cette zone fonctionnelle est appelée synapse. Pour bien comprendre, Céline Alvarez[26] nous donne une image très parlante. Si le réseau internet mondial affiche 100 000 milliards de connexions entre les pages (ce que l'on nomme couramment hyperliens), le cerveau de l'adulte a trois fois plus de connexions… et celui de l'enfant dix fois plus ! L'enfant possède donc 1 million de milliards de connexions synaptiques.

Je vous laisse imaginer le foisonnement de connexions neuronales. Ces dernières ont besoin d'une base solide. De la même façon qu'une maison a besoin de fondations inébranlables pour ne pas s'effondrer, le cerveau de l'enfant doit reposer sur des fondations stables afin de ne pas altérer l'architecture cérébrale.

Et cette solidité, nous la garantirons simplement en interagissant positivement avec l'enfant et en le laissant explorer le monde.

La formation d'une synapse est bi-factorielle : génétique et expériences vécues entrent en compte. Notons que plus une situation se (re)produit, avec une certaine fréquence, et plus cette connexion se solidifie. Au fur et à mesure que l'enfant grandit (pré-adolescence et adolescence), on assiste à la disparition de nombreuses synapses. Le cerveau opère une sorte de tri, il fait le ménage. Les plus utilisées et les plus robustes paraissent inébranlables et vont demeurer. Les plus fragiles vont succomber. De nouvelles connexions se créent alors mais leur genèse est plus lente, ce qui explique que l'adulte compte trois fois moins de synapses qu'un jeune enfant. Non pas qu'il soit moins intelligent ; tout simplement, il a conservé celles qui ont été sollicitées le plus fréquemment. En grandissant, il devient « expert » du tiers des connexions les plus utilisées. Cela se nomme l'élagage synaptique.

Le cerveau conserve donc les connexions des expériences les plus fréquentes, mais cela ne signifie pas pour autant que ce soient les meilleures. Nos habitudes structurent directement et durablement le cerveau de l'enfant. La plasticité cérébrale est synonyme de grande opportunité mais cela peut rimer également avec grande vulnérabilité.

L'évolution est toujours possible. Rien n'est figé. Gardons à l'esprit qu'il est toujours temps de redresser la barre. Notre cerveau « plastique » nous le permet.

Outil 9

Je rayonne tel un soleil

Yoga / Méditation - Dès 3 ans

Pour apprendre à rayonner comme un soleil, donner de la force mentale et vaincre le harcèlement ou l'intimidation.

- L'enfant s'installe dans un endroit calme en position assise, en gardant le dos bien droit, et en posant ses mains sur ses genoux. Invitez-le à penser au soleil, à se remémorer qu'après la pluie vient toujours le beau temps, que le soleil revient toujours après une période jugée morose. Il s'agit ici d'inspirer puis d'expirer, tout en centrant son attention sur le soleil qui est en chacun de nous. Ce temps de concentration sur la respiration peut durer deux minutes environ.

- Dans un second temps, demandez-lui de frotter énergiquement ses mains l'une contre l'autre afin de sentir la chaleur. Il va apposer ses mains sur son visage et sentir la chaleur qui se diffuse. Il frotte ses mains à nouveau et les pose sur sa poitrine. Il s'agit de tenter de visualiser la sensation du soleil qui essaie d'entrer en lui. À ce moment-là, invitez l'enfant à prendre un temps (deux minutes environ) pour sentir cette chaleur qui se diffuse symbolisant le soleil qui entre en lui. Il est nécessaire d'insister encore une fois sur la respiration : à chaque inspiration la chaleur se répand, le soleil pénètre dans son corps.

...

...

- Pour conclure cette séance de méditation, l'enfant peut se visualiser beau et rayonnant comme un soleil. Selon son envie, il peut même envoyer un peu de cette chaleur à une personne de sa connaissance qui pourrait en avoir besoin (tristesse, maladie, manque de confiance...).

« Éclairer, c'est assainir.
Le soleil ne donne pas seulement le jour,
il donne l'exemple. »
Victor Hugo

2. S'ATTACHER

> *« Aimer, accompagner un enfant c'est sans condition. L'adulte est responsable de la qualité de la relation, à lui de se remettre en question. »*
>
> Arnaud Deroo

Amour et Affection

L'amour va de pair avec la confiance en soi. Il est la garantie de l'harmonie pour l'enfant. Il est la base de tout ! Toutefois attention. Amour n'est pas synonyme de possessivité, d'inquiétude, de surprotection. Il faut respecter une juste mesure et trouver le bon dosage. **Notre rôle d'adulte est d'éveiller et non d'étouffer.**

Un nouveau-né n'est pas un simple tube digestif. Il est un être vivant, à la recherche d'émotions. Sa vue lui permet de distinguer son environnement à 20-40 centimètres de lui. Il cherche un regard, celui d'un parent. Pour s'en convaincre, citons l'expérience du « visage impassible » *(still face)* réalisée par le Dr Edward Tronick, de l'université de Boston. Cela m'a fascinée. Une mère ne montre plus aucune expression à son enfant, âgé de quelques mois. Le bébé montre alors des signes de malaise, est tendu, et tente par tous les moyens d'attirer l'attention de sa maman. Il n'y parvient pas et perd alors le contrôle de lui-même. Cela démontre bien [27] que le manque d'attention de l'un des parents peut nuire à la socialisation de l'enfant.

L'enfant a besoin de se sentir aimé, accueilli et accepté pour s'apprécier lui-même. Le regard vers, l'affection, le soin, le toucher, le contact, la simple présence : autant de merveilles nécessaires au plein épanouissement de l'enfant.

« Confiance en soi » chez l'enfant est intrinsèquement liée au verbe « aimer ». **Aimer son enfant pour ce qu'il EST et non pas pour ce qu'il FAIT[28].** Aimer son enfant pour ce qu'il FAIT est une forme d'amour au conditionnel. Il ne recevra notre amour que si son comportement est conforme à nos attentes. En revanche, aimer un enfant pour ce qu'il EST, c'est de l'amour inconditionnel, non quantifiable. L'amour inconditionnel est la quintessence de la relation parent-enfant, il est là et un enfant qui ressent cet amour est un enfant en confiance.

« Les enfants ont besoin d'être aimés tel qu'ils sont, pour ce qu'ils sont. »
Alfie Kohn

Outil 10

« Je t'aime » dans toutes les langues

Expression / Communication - Dès 3 ans

Pour remplir mutuellement les réservoirs affectifs.

- Voici un petit jeu de partage en famille. S'entraîner à se dire, se murmurer, se chuchoter, se crier « Je t'aime » dans toutes les langues. En voici quelques exemples :

- À vous de compléter cette liste non-exhaustive avec vos propres savoirs et/ou découvertes.

▶ Précisons que pour conserver leurs vertus magiques, les mots d'amours doivent être prononcés avec **sincérité.** Le langage non verbal a son importance : intonation, regard, gestuelle…

▶ Certaines personnes, enfant ou adulte, ont des difficultés à prononcer ces mots. Voici donc deux variantes possibles :

1. Dire « Je t'aime » avec une référence artistique ou humoristique :

« Je t'aime jusqu'à la lune et le retour[29]*. »*

« Je t'aime une fois, je t'aime deux fois, je t'aime plus que le riz et les petits pois[30]*. »*

En faisant des rimes à l'exemple de « Je t'aime fort comme un dinosaure », « Je t'aime solidement comme un éléphant ».

2. Dire « Je t'aime » autrement :

« Je suis fière d'être ta maman. »

« Je suis heureux que tu m'aies choisi comme papa. »

« Je suis heureuse que tu sois dans ma vie. »

« J'aime te regarder grandir. »

« J'aime être ta maman. »

« J'aime passer du temps avec toi. »

« Merci d'être là. »

« La mesure de l'amour c'est d'aimer sans mesure. »

Saint Augustin

L'attachment parenting

Les théories de l'attachement décrivent les façons dont se créent les liens de l'enfant avec son entourage, et mettent l'accent sur ce besoin fondamental, qui consiste à rechercher et maintenir la proximité avec un autre individu.

Les travaux de Lorenz (éthologiste autrichien) constituent la base des théories de l'attachement. Dès les années 1930, Lorenz met le doigt sur un phénomène particulier qu'il rencontre chez certains animaux. Il s'agit de **l'empreinte.** Ainsi, il montre que quand un poussin vient au monde, dans les heures qui suivent sa naissance, il se met à suivre tout ce qui bouge et qui lui est donné à voir dans son champ de vision, et il s'y attache. Cette empreinte est jugée irréversible. Ainsi, l'être qui a attiré son attention devient l'objet d'un attachement indélébile. Lors d'une conférence d'Isabelle Filliozat à laquelle j'ai assisté en 2014, j'ai pu visionner une vidéo [31] aussi éloquente que drôle : Lorenz a assisté à l'éclosion d'un groupe de canards… et ces derniers ne cessent de le suivre dans tous ses déplacements. John Harlow [32], quant à lui, étudie l'attachement chez les primates.

Poursuivant les travaux de ces éthologues, John Bowlby élabore ses thèses, aujourd'hui largement acceptées. Elles montrent qu'un enfant s'attache spontanément à l'adulte qui lui offre le plus d'interactions et lui prodigue le plus de soins. Ce lien d'attachement, tissé au cours des trois premières années de vie constitue la base qui permettra par la suite à l'enfant d'explorer le monde. S'il se sent en sécurité, à trois ou quatre ans il saura supporter l'éloignement physique. Jusqu'à sept ans, ce besoin de proximité peut se transformer en besoin de disponibilité simple.

En résumé, la proximité parent-enfant est selon Bowlby à la source d'une prise d'autonomie spontanée pour l'enfant.

Contrairement à Freud qui défendait l'idée que le nourrisson s'attache à sa mère car elle est sa source d'alimentation, Bowlby voit le bébé puis l'enfant comme un être social : il relie en effet l'attachement au besoin de nouer des relations sociales. Selon la façon dont on répond à ses demandes liées à ses besoins, l'enfant se sent plus ou moins en sécurité. **L'attachement est un processus instinctif lié à la survie de l'espèce.** Le but de l'attachement est que l'enfant puisse se sentir en sécurité et confiant.

Un enfant peut, selon Bowlby, avoir plusieurs figures d'attachement. Mais il s'attache toujours d'avantage à celle qui s'occupe le plus de lui. Un parent disponible, avec des réactions qualifiées de constantes, est considéré comme une figure d'attachement fiable. Un enfant qui reçoit un attachement sécurisant devient plus curieux, moins hostile, moins anxieux ; son estime et sa confiance n'en seront que plus importantes.

J'ai coutume de dire qu'il est nécessaire de s'attacher pour mieux se détacher ensuite. Combien de fois ai-je entendu qu'allaiter mon enfant le rendrait dépendant ? Que le porter en écharpe ne lui permettrait pas une autonomie suffisante pour ensuite se mouvoir aisément ? Que répondre à ses besoins de proximité la nuit ne lui assurerait pas un sommeil serein dans le futur ?

Évoluer en sécurité psychique me paraît fondamental pour devenir un adulte confiant. C'est parce qu'un enfant se sent en sécurité qu'il est susceptible ensuite de partir à la rencontre d'autrui et du monde. L'autonomie, si chère à la sphère éducative, passe forcément par la notion d'attachement.

À bras ! Porté !

« Ne le prends pas trop dans tes bras, tu vas en faire un capricieux ! » Peut-être avez-vous déjà entendu cette phrase ? Si on voit le bébé comme un être perfide et manipulateur, alors cette croyance s'ancre profondément dans les mœurs. Or, si l'on considère les besoins fondamentaux et primaires, c'est autre chose. **Prendre un enfant dans ses bras c'est le rassurer, le ressourcer.** Pourquoi toujours refuser les bras d'un enfant ? Ma fille cadette a très peu connu la chaise haute, préférant s'alimenter sur nos genoux, dans nos bras. En même temps qu'elle prenait ses repas elle se nourrissait de notre corps à corps… et je vous rassure, elle est une petite fille très autonome.

Nos bébés, immatures à la naissance, sont vulnérables et dépendants. Nous, adultes, nous devons combler leurs besoins de base (nourriture, sommeil, déplacement, protection contre le climat, contre le danger, etc.). **Le portage présente de nombreux bienfaits, tant pour l'enfant porté que pour le porteur.** Le bébé retrouve une partie des sensations éprouvées durant sa vie intra-utérine. Il peut entendre le cœur de son parent et sentir son odeur ; cela l'apaise. La chaleur du porteur lui permet de limiter ses propres efforts pour réguler sa température et maintenir sa chaleur corporelle. Le corps à corps est un merveilleux moyen de renforcer ce lien privilégié qui unit un enfant et son parent.

Le portage (écharpe, porte-bébé préformé…) doit engager une position physiologique de l'enfant, c'est-à-dire respecter la posture naturellement arrondie de sa colonne vertébrale et veiller à ce que les genoux soient remontés plus haut que le siège. L'enfant est lové contre son parent, et non face au monde, position déconseillée. Ainsi, l'enfant est préservé de toute (sur)stimulation et se sent en sécurité. Cela participe à sa construction intérieure, qui viendra alimenter la confiance en soi.

À RETENIR

Porter c'est bien… mais bien porter c'est encore mieux ! Je ne peux que vous recommander de participer à un ou plusieurs atelier(s) de portage[33]*. Les monitrices ou moniteurs font découvrir les bases du portage physiologique, les règles de sécurité, quelques moyens de portage, etc.*

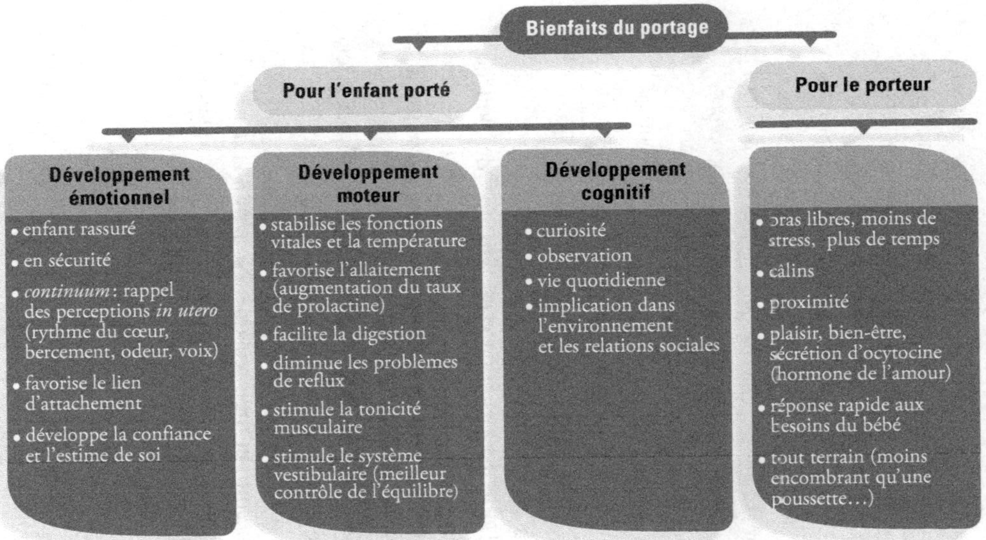

Les bienfaits du portage

« C'est par le contact physique que l'enfant établit son premier contact au monde. Grâce à ce contact, il fera l'expérience du corps de l'autre, un corps réconfortant qui favorisera son ouverture vers de nouvelles stimulations et vers l'autonomie. Les enfants qui ressentent dès les premiers instants de vie les sentiments d'appartenance et d'amour se sentent rassurés et acquièrent très vite confiance en eux et en leurs parents, donc ils deviendront aussi très autonomes. »

Ashley Montagu [34]

À table !

La bulle parent-enfant est chargée de douceur, d'amour et de sérénité. Elle est sécurité. Être nourri, au sein comme au biberon participe à la création de cette bulle enveloppante. Nourrir à la demande augmente la confiance en soi. En effet, Bébé reçoit un message simple : il a ainsi totale confiance en sa capacité à recevoir l'attention dont il a besoin, et qu'il réclame. Nourrir à la demande, c'est bien donner du lait sans limiter les quantités, les durées ou encore les intervalles.

« Mon enfant ne mange pas » : gros stress parental ! Et pourtant, si l'enfant a une morphologie tout à fait normale, il n'y a pas de quoi s'inquiéter. Il a le droit de ne pas avoir faim, d'être rassasié très vite. **Forcer un enfant à manger, c'est lui envoyer le**

message qu'il n'est pas capable de gérer la fonction vitale que constitue le fait de s'alimenter. Or il est tout de même le mieux placé pour gérer son appétit. Faites confiance à votre enfant et il se fera confiance.

Au dodo !

Les enfants (hors pathologie particulière) vont trouver naturellement leur sommeil, sans qu'on leur apprenne à s'endormir. « Tous finissent par s'endormir, un jour ou l'autre » écrit Rosa Jové[35]. Les différentes méthodes visant à laisser pleurer (en fonction d'un tableau minuté ou non) ne sont ni plus ni moins que des fabriques à troubles certes invisibles mais bel et bien profonds (troubles de l'attachement, dépression…). L'enfant cesse d'avoir confiance en ses parents, qui ne répondent plus à ses appels. À ce moment-là, sa confiance en lui s'effondre.

Un endormissement paisible s'avère donc primordial et la suite de la nuit l'est tout autant. Sachez tout de même qu'entre un et trois ans, la plupart des enfants ont des réveils nocturnes : les cycles de sommeil sont immatures. L'enfant qui se réveille, qui cauchemarde a besoin d'un parent rassurant. Un bisou, un câlin, une parole réconfortante permettent d'entretenir la confiance mutuelle ainsi que la sienne.

Et que dire du cododo ? Historiquement, ce n'est que très récemment que l'on tend à faire dormir les bébés, seuls, dans une chambre séparée. Pour entretenir le lien d'attachement, il existe des méthodes transitionnelles dans lesquelles chacun peut trouver son compte, tant d'un point de vue culturel que sécuritaire. Je pense par exemple aux berceaux en *« side-car »*.

Eu égard au sommeil, les premières années de vie de mes enfants n'ont pas été de tout repos. J'ai trouvé cette période très dure. Mes soirées ont longtemps été inexistantes. Mes nuits hachées. Pour autant, à l'aube de ses trois ans, mon fils aîné m'a dit un jour : « Maman, maintenant je peux m'endormir seul. » J'ai alors su que j'avais fait le bon choix.

Aider son enfant à s'endormir ou à se rendormir crée une complicité. La confiance en soi s'en nourrit.

« Les gens qui vous disent qu'ils dorment comme un bébé, en général, n'ont pas de bébé. »

Léo J. Burke [36]

Outil 11

Des rituels pour le dodo

Expression - Dès 6 ans

Pour aider l'enfant à bien s'endormir.

▸ Avant de tenter de mettre en place des rituels, il s'agit de s'assurer que les besoins primaires de l'enfant sont comblés : A-t-il faim ? N'a-t-il pas trop chaud ou trop froid ?

▸ **1. Le rituel**

Créer une routine d'environ un quart d'heure permettant de préparer l'organisme au sommeil, en enchaînant des actions dans le même ordre. Notre rituel est le suivant : Pipi / Dents / Livre / Dodo ! Il s'agit d'un grand classique. Chacun élabore le rituel qui lui convient, pourquoi pas en insérant les 3 petits bonheurs du jour (*cf.* outil 1).

▸ **2. La création d'un lieu refuge**

Inviter l'enfant à se recentrer sur sa respiration. Inspirer… sentir la poitrine et le ventre qui se gonflent… Expirer… Les sentir se dégonfler… Demander à l'enfant d'imaginer un endroit dans lequel il se sent bien, détendu, heureux, serein. Ne pas hésiter à lui poser des questions : que voit-il ? Qui est présent ? Qu'entend-il ? Dans quelle position se trouve-t-il ? La création de ce lieu refuge permet à l'enfant de se coucher en faisant abstraction de ce qui se passe ailleurs dans la maisonnée. Il se recentre ainsi totalement sur son monde intérieur. Petit à petit, à force de pratique, il est capable de le faire seul en totale autonomie.

•••

▸ **3. La confection de poupées tracas**

Au Guatemala, les enfants ont coutume de confectionner des petites poupées en chiffons. Le soir venu ils leur confient leurs angoisses et autres soucis puis les placent sous l'oreiller. Les poupées prennent alors à leur compte les tracas des enfants[37].

« Celui qui est le maître de lui-même est plus grand que celui qui est le maître du monde. »

Bouddha

3. ACCEPTER SES ÉMOTIONS

L'enfant, un être d'émotions

Nous avons malheureusement tendance à associer réussite, intelligence, scolarité exemplaire et quotient intellectuel (QI). Or, c'est oublier un peu vite nos capacités à gérer notre affect et à communiquer sur nos émotions. « Le langage des émotions a une grammaire », écrit Isabelle Filliozat[38]. À nous d'apprendre l'intelligence émotionnelle et de la transmettre à nos enfants.

C'est un point fondamental car il est prouvé qu'une absence, ou un mauvais accompagnement des émotions de l'enfant est vecteur de difficultés relationnelles, d'exclusion, ou plus tard, de phénomènes d'addiction (tabac, alcool, médicaments). Un enfant qui n'est pas reconnu dans ses émotions, qui serait même puni pour les avoir exprimées, connaît une fragilisation de la confiance en soi. **Les émotions ont besoin d'être entendues, nommées et accompagnées.**

> *« Le travail et la création artistique, la vie familiale et*
> *la vie sociale ne peuvent plus évoluer séparément.*
> *Il faut que le cœur, s'armant d'audace, imprègne la*
> *raison de sa chaleur vitale,*
> *même si la raison doit renoncer à sa rigueur logique*
> *pour faire place à l'amour et aux pulsations de la vie.*
> *Nous ne pouvons plus nous contenter d'une vie où*
> *le cœur a ses raisons que la raison ne connaît pas.*
> *Nos cœurs doivent connaître le monde*
> *de la raison et la raison doit avoir pour guide*
> *un cœur inconscient. »*
>
> Bruno Bettelheim [39]

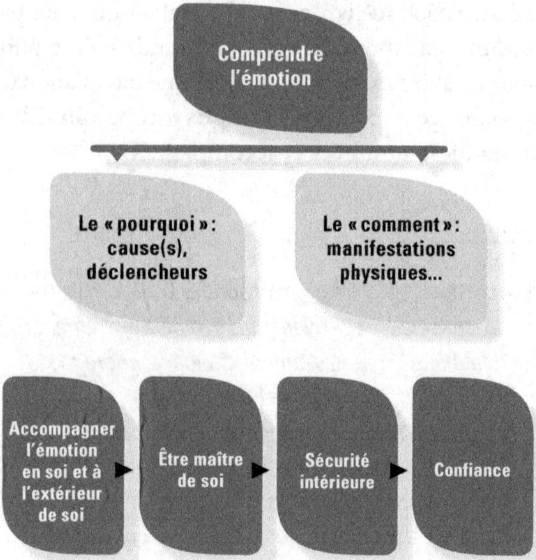

Comprendre l'émotion

Outil 12
Loto des émotions

Expression - Dès 3 ans

Pour travailler les émotions par l'humour et le rire.

► **1. Préparation**

Dans un premier temps, il s'agit de photographier l'enfant effectuant diverses grimaces ou mimant quelques émotions. On peut prendre également en photo les autres membres de la famille, les personnes qui participeront régulièrement au jeu. Après avoir imprimé (et plastifié pour une durabilité accrue) lesdites photographies en double, on sépare les paires. On place un exemplaire de chaque paire dans un sac en tissu. Les seconds exemplaires sont distribués entre les joueurs.

► **2. Jeu**

Chaque joueur place face à lui ses cartes. Il s'agit de piocher dans le sac, imiter la grimace et/ou émotion. Cela peut être l'occasion de nommer l'émotion en question. Le but est de rassembler ses paires. Il n'y a ni gagnant ni perdant puisque chaque tour est gagnant.

► **Rires et amusements garantis!**

La complicité qui se met en place durant ces instants n'a pas d'égal.

« Le rire est le chemin le plus court entre deux personnes. »
Charlie Chaplin

Les émotions, qu'est-ce que c'est?

L'émotion, c'est pouvoir sortir de soi, c'est le mouvement, c'est la vie.

Une émotion est physiologique. Elle surgit, disparaît, sa durée est limitée. On la sent et on l'éprouve dans notre corps. Si on l'empêche de s'exprimer, alors elle trouvera un autre moyen d'exister… En surgissant, elle risque de nous prendre de court et de faire chanceler notre équilibre. Ce peut être alors le plongeon dans l'irrationnel, le passage à un état de déséquilibre. Pendant bien des siècles, les émotions n'ont fait l'objet d'aucune étude. Fort heureusement, aujourd'hui, grâce aux neurosciences dites «affectives», elles sont réhabilitées. Voyez le nombre de livres jeunesse qui leur sont désormais consacrées.

À RETENIR

Les émotions sont multiples. On a coutume de les classer en deux catégories:

- ***Les émotions primaires**: colère, peur, joie, tristesse, dégoût, surprise*[40]*. Elles sont dites universelles car elles s'expriment chez l'homme quelle que soit sa culture (et parfois même chez certains mammifères); elles sont liées à la survie de l'espèce.*
- ***Les émotions secondaires,** jugées plus complexes: orgueil, honte, passion, culpabilité. Elles permettent de s'adapter aux contextes sociaux et culturels.*

Outil 13

Les émotions dans l'art

Art - Dès 3 ans

Pour apprendre à reconnaître les manifestations faciales des émotions.

- Choisir quelques œuvres d'art, les imprimer et demander à l'enfant de les classer par émotion : **joie, tristesse, peur, colère.**
- Voici quelques exemples d'œuvres possibles :
  Léon Cogniet, *Esquisse pour la scène du Massacre des Innocents,* vers 1824 ;
  Edvard Munch, *Le Cri,* 1893 ;
  Murakami, *Flower Ball,* 2002 ;
  Vincent Van Gogh, *Portrait du docteur Paul Gauchet,* 1890 ;
  Léonard de Vinci, *La Joconde,* 1503-1506 ;
  Andy Warhol, *Marylin Monroe,* 1962 ;
  Benjamin Saulnier-Blache, *Molosses Club,* XXe ;
  Guido Mazzoni, *Compianto su Cristo morto,* 1485-1489 ;
  Jean-Jacques François Le Barbier, *Femme en fureur,* vers 1780 ;
  Gustave Courbet, *Autoportrait dit « Le Désespéré »,* 1843-1845 ;
  Pablo Picasso, *La femme qui pleure,* 1937 ;
  Hergé, vignettes représentant le capitaine Haddock ;
  Masque japonais de théâtre Nô.

« L'émotion ne s'ajoute, ni ne s'initie : elle est le germe, et l'œuvre est l'éclosion. » Georges Braque

Pour certains, le contrôle des émotions serait une fin en soi. Je ne suis pas d'accord. Nous vivons dans une société dans laquelle le contrôle est un réel mot d'ordre. On entend trop souvent que l'on doit « contrôler » et même « gérer » ses émotions. Pourquoi chercher une classification manichéenne des émotions ? Pourquoi existerait-il des émotions dites positives (la joie) et d'autres jugées négatives (la colère) ? Je pense qu'il faut apprendre à vivre avec ses émotions et que notre rôle d'accompagnateur est de guider l'enfant sur ce chemin.

Accompagner un enfant dans son émotion ne signifie pas que l'on s'approprie son émotion. On l'entend et on adopte alors une approche empathique. Dans cette démarche, les mots, les gestes, le toucher ont toute leur importance. On ne doit pas chercher à faire taire une émotion (par une tétine par exemple).

L'enfant a besoin que l'on confirme son émotion. Plus on valide son vécu émotionnel et plus il apprend à exprimer ses émotions de façon « civilisée ». Souvent, il suffit simplement de nommer l'émotion.

Notre travail d'éducateur consiste donc à développer nos compétences en accompagnement émotionnel. C'est ainsi que l'enfant développera son capital confiance.

Outil 14

L'armure invisible

Qi gong - Dès 3 ans

Pour renforcer son énergie individuelle et se sentir protégé (moins touché) par l'énergie d'autrui.

▸ Le ***Qi gong,*** d'origine chinoise, sollicite le corps et l'esprit. L'effet du travail énergétique permet de recentrer l'enfant sur une écoute intérieure de soi et des autres. Cette relaxation énergétique permet d'aider à construire les bases d'une confiance en soi, ancrée dans un tout : corps, esprit et émotions.

▸ Invitez l'enfant à frotter activement ses mains l'une contre l'autre. Au bout d'un certain temps, de la chaleur se dégage. L'enfant visualise cette chaleur comme un crayon, un pinceau (ou tout autre objet), lui donnant la possibilité de construire une armure invisible sur lui. L'enfant passe ses paumes devant diverses parties de son corps, à quelques centimètres de sa peau, sans jamais la toucher : le visage, la gorge, la nuque, le torse, le dos, le ventre, les jambes, puis les bras. Rappeler à l'enfant que c'est la chaleur qui procure cette force et que cette énergie est très puissante.

« Que la force soit avec toi. »
Star Wars

« L'éducation émotionnelle cherchera à développer cet ancrage intérieur par tous les moyens disponibles, qui vont de l'écoute, l'approche positive, le soutien, l'appréciation, l'encouragement, la reconnaissance des valeurs individuelles, l'inventaire des compétences… à l'intégration dans l'environnement social et, le cas échéant, la discipline positive, non vexatoire. »

Michel Claeys Bouuaert [41]

Que faire pour accompagner les enfants dans l'apprivoisement de leurs émotions ?

Notre rôle est de faire comprendre aux enfants que leurs émotions sont naturelles et saines. Mais apprendre à identifier ses émotions, savoir agir sur elles, en diminuer l'intensité… cela ne se fait pas en un coup de baguette magique ! Il est donc utile de proposer quelques activités permettant l'évacuation d'un trop-plein émotionnel, adapté à l'âge et à la compréhension de chaque enfant.

Penchons-nous sur des suggestions plus concrètes :

- Pour vous familiariser avec les émotions, utilisez comme support les albums consacrés en littérature jeunesse [42]. **Nommer** les émotions des protagonistes et les commenter : « Le petit garçon est en colère » ; dans les actes de la vie quotidienne, poser des mots sur les émotions des enfants et des adultes « Je suis heureuse qu'il fasse beau aujourd'hui», «Je vois un enfant qui semble avoir peur de la mouche».

- **Jouer** avec les émotions: citons le loto des émotions (*cf.* outil 12), le théâtre d'imitation, la roue des émotions que l'on peut fabriquer soi-même ou acheter dans le commerce, la fabrication d'une poupée tracas ou poupée soucis (tradition guatémaltèque qui veut quc l'on confie ses tracas à une poupée placée sous l'oreiller, *cf.* outil 11), la confection d'une bouteille de retour au calme [43].
- **Dessiner** les émotions: la météo des humeurs en laissant l'enfant compléter un dessin de visage vierge par exemple; l'expression artistique complètement libre.
- **Bouger:** inciter l'enfant à taper du pied par terre ou dans un objet mou (comme un coussin de colère spécialement dédié par exemple) afin d'évacuer la colère, faire une danse de la joie.
- **Visionner** le film d'animation *Vice Versa* [44], studios Disney-Pixar, sorti en 2015. «Au Quartier Cérébral, le centre de contrôle situé dans la tête de la jeune Riley, onze ans, cinq Émotions sont au travail. À leur tête, Joie, débordante d'optimisme et de bonne humeur, veille à ce que Riley soit heureuse. Peur se charge de la sécurité, Colère s'assure que la justice règne, et Dégoût empêche Riley de se faire empoisonner la vie - au sens propre comme au figuré. Quant à Tristesse, elle n'est pas très sûre de son rôle. Les autres non plus, d'ailleurs…»

Libre à chacun de se constituer son petit kit de survie à l'égard des émotions en l'étoffant des outils qui lui parlent.

Zoom sur la peur

La peur, également appelée « crainte » est une réaction normale, voire protectrice. Elle apparaît lorsque nous nous sentons menacés. Elle peut être utile pour nous maintenir en état de vigilance. Toutefois, en nous envahissant, elle devient « terreur » paralysante et nous prive de nos capacités de réflexion et d'action. La peur est donc une émotion nécessaire mais ne doit pas devenir un frein.

Que se passe-t-il dans notre corps quand on ressent de la peur ?
Face à une situation perçue comme menaçante, le cerveau déclenche un système d'alerte et le corps réagit. Les yeux grandissent pour mieux voir. Le cœur s'accélère ; il envoie ainsi plus de sang dans les jambes afin de permettre la fuite.

Pourquoi apprivoiser la peur ?
Tout le monde est, un jour ou l'autre, confronté à la peur. Les enfants en particulier se retrouvent face à cette émotion, avec plus ou moins d'intensité et de régularité. La peur nous apprend à nous adapter au monde, à nous fournir plus de prédispositions devant l'inconnu. Comprendre sa peur et la dépasser, c'est se percevoir plus fort et gagner en confiance.

Comment aider l'enfant à surmonter sa peur pour gagner en confiance?

Dans les moments de calme, préparer l'enfant en amont afin qu'il sache qu'au moment où la peur survient, respirer profondément est nécessaire. On n'apprend pas à nager à quelqu'un qui se noie!

Communiquer sur les peurs. Laissez l'enfant s'exprimer librement sur ses peurs. On peut lui demander de les lister et de les classer (de la plus grosse à la plus petite) voire de leur attribuer une note (5/5 pour les plus importantes, 1/5 pour les moins importantes).

Inviter l'enfant à exorciser sa peur en la dessinant (« Quelle a été la plus grosse peur de ta vie? Peux-tu la dessiner? Ou peux-tu dessiner ce que tu as ressenti? »).

Accueillir l'émotion de l'enfant sans la nier. L'enfant a peur du noir? Allumez une petite veilleuse dans sa chambre. Il est nécessaire de respecter le rythme de l'enfant. J'ai moi-même une peur phobique des araignées; pour apprivoiser cette peur, personne n'ira me proposer de me forcer à toucher ces arachnides. Dans les moments de panique, je me sens écoutée et en sécurité car je sais que je suis entendue et que mon entourage comprend ma peur et met tout en œuvre pour me faciliter la tâche. Accueillir, respecter, ne pas brusquer. On n'imagine pas effacer la peur de l'eau d'un enfant en le jetant dans la piscine!

Apprendre à repérer les peurs, sans tabou. Mon fils aîné, depuis l'âge de deux ans et demi, pose quotidiennement des questions sur la mort (« C'est quoi la mort? », « Quand Mamie va-t-elle mourir? Et moi, je vais mourir? »). Dans ces moments, je réponds sans gêne, en adaptant mon discours à son âge évidemment: « Être mort c'est avoir fini sa vie. C'est quand le cœur s'arrête et que l'on arrête de respirer », « Oui, Mamie va mourir un jour. Toi aussi, même si j'espère dans mon cœur que ce soit le plus tard possible. »

La nécessaire expérience introspective des parents

Autant il est fondamental d'accompagner son enfant dans ses émotions, autant il est tout aussi nécessaire pour nous, parents et éducateurs, **d'apprendre à identifier et à écouter les nôtres.**

Accompagner les émotions de son enfant incite parfois à un voyage au cœur de nous-mêmes, à une véritable introspection. C'est ce qui m'est personnellement arrivé. En effet, il apparaît nécessaire d'apprendre à apprivoiser ses propres émotions afin de mieux comprendre et accompagner son enfant. Il s'agit d'être indulgent avec soi-même, en toute humilité. Pour ma part – personne ne m'ayant jamais accompagnée sur cette voie – je n'ai jamais appris à décoder mes émotions. Je dirais même que dans le cadre d'une éducation traditionnelle, il s'agissait parfois de les refouler, de les enfouir, de les nier. Combien de fois ai-je entendu cette formule: « Pleure, tu feras moins pipi au lit! », comme si la raison de mes larmes n'avait aucune légitimité. Insignifiante aux yeux de l'adulte sans doute… mais pas dans mon cœur d'enfant. Attention, je ne blâme personne. On parle ici d'une éducation dispensée avec les connaissances de l'époque, bien que je ne sois pas si vieille…

Quand durant notre propre enfance nos émotions ont été dévalorisées, minimisées, muselées ou niées, nous avons du mal à trouver un positionnement adapté quant à la bonne gestion des émotions. Mais fort heureusement, ça se travaille!

Afin de comprendre l'origine des refoulements émotionnels de l'enfance, je recommande la lecture des écrits d'Alice Miller [45]. Le travail d'introspection vient ensuite. Ce dernier peut se faire seul, à force de lectures ou de voyages internes dans le temps. Parfois il est nécessaire de se faire aider d'un thérapeute. L'EMDR [46] est une technique qui peut être efficace dans ce cas-là.

Il arrive parfois que les émotions exprimées par nos enfants viennent réveiller nos blessures, dissimulées au plus profond de nous-mêmes et que l'on croyait définitivement guéries. J'en ai fait moi-même la douloureuse expérience. L'émotion enfouie de l'adulte prend alors le pas sur celle exprimée par l'enfant. Toute la difficulté pour l'adulte réside dans l'accueil de la réactivation de cette émotion.

Nos émotions peuvent être parfois le reflet de celles de nos enfants. Par exemple, le jour où mon fils aîné a voulu porter un plateau avec des objets cassants dessus, j'étais assez inquiète. Par mes gestes, mon regard, mes recommandations et autres suggestions à répétition, j'ai transmis mes craintes à mon enfant. Les mécanismes dysfonctionnels que mon cerveau a mis en place ont généré chez mon fils un geste nettement moins assuré. L'accident que je redoutais s'est alors produit ! Qu'aurais-je dû faire ? Ou plutôt qu'aurais-je pu faire ? Reconnaître ma peur, l'apprivoiser, éventuellement faire part de mes craintes à mon enfant en l'invitant à la prudence. Pas davantage !

Nous sommes des êtres faillibles, le tout est d'en prendre conscience et de l'accepter. Telle est la véritable marque de la maturité émotionnelle.

Outil 15

Le point d'urgence

EFT / Digitopuncture - Dès 3 ans

Pour calmer les émotions fortes et retrouver un équilibre.

▸ **La stimulation du point d'urgence** permet, en cas d'émotion forte ou de situation de stress, de retrouver son calme et ses esprits. Il peut également être utilisé dans un cadre de prévention.

▸ **Où est ce point?**

Il s'agit du point Rein 27 ou R27 selon la classification de l'acupuncture. On le trouve au bord inférieur de la clavicule, à deux fois la largeur de votre pouce (soit 4 à 5 cm) par rapport à la ligne médiane de votre corps. Il se situe soit sur la première côte (qui se trouve directement sous la clavicule) soit au niveau de son bord inférieur.

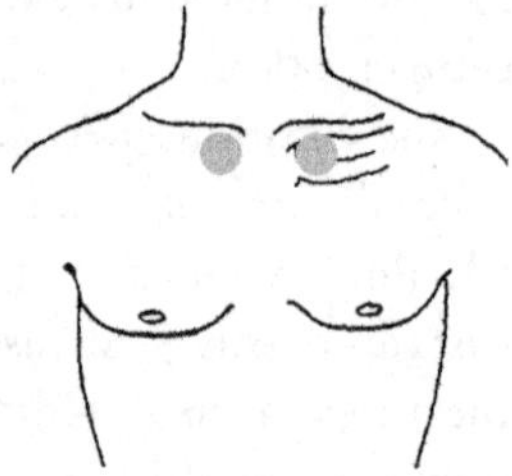

▸ **Comment le stimuler?**

On peut choisir de s'étendre sur le point de droite, de gauche, ou les deux. Il s'agit de stimuler assez intensément (mais sans se faire mal) pendant environ une minute, et avec tous les doigts de la main.
Pour plus de discrétion, il est possible de venir masser ce point tout en veillant à bien respirer.

« Respirer nous relie à l'univers.
Nous partageons le même souffle de vie,
le même air, avec l'ensemble de l'humanité.
Ce médium invisible nous relie au reste du monde
chaque fois que nous respirons. Nous partageons
l'air avec les animaux, les oiseaux, les poissons,
les plantes – le monde entier en somme. »

Satish Kumar [47]

4. PRENDRE CONSCIENCE DE SON CORPS : LE BESOIN DE SÉCURITÉ PHYSIQUE

La construction identitaire

Selon le thérapeute et consultant en éducation Arnaud Deroo [48], dans le but de se trouver dans une démarche de construction identitaire solide et pérenne, l'enfant a besoin :

- d'avoir conscience de son propre corps (pour cela il se doit d'être investi affectivement et stimulé sensoriellement ;
- d'être en sécurité (en veillant à la continuité et à la régularité des soins) ;
- d'avoir du pouvoir sur le monde (cela nécessite un environnement stable et stimulant) ;
- d'avoir intégré des images de personnes signifiantes ;
- d'avoir une possibilité large d'expériences cognitives, sociales et émotionnelles.

Outil 16

J'écoute le silence

Méditation / Yoga - Dès 3 ans

Pour prendre conscience des ressources insoupçonnées de son corps et se sentir bien avec lui.

- L'enfant s'installe dans un endroit calme en position assise, en gardant le dos bien droit et en posant ses mains sur ses genoux. Invitez-le à prendre un temps pour focaliser son attention sur sa respiration afin qu'il visualise l'air qui entre en lui et ressort par son nez.

- Dans un second temps, l'enfant opère un scan des parties de son corps qui attirent son attention. Le ventre gargouille? Il enregistre le son. Le cœur bat? Le son est mémorisé. La nuque craque? Le bruit est noté. Une fois ce passage en revue terminé l'enfant est plus calme, a une meilleure conscience/ connaissance de son propre corps, et peut donc développer sa confiance.

« L'équivalent du bruit extérieur, c'est le bruit intérieur de la pensée. L'équivalent du silence extérieur, c'est le calme intérieur. Chaque fois qu'un silence vous entoure, écoutez-le. Remarquez-le, tout simplement. Accordez-y votre attention. L'écoute du silence éveille en vous la dimension du calme, car ce n'est qu'en toute tranquillité que l'on prend conscience du silence. »

Eckart Tolle [49]

La conscience du corps débute par des soins contenants, lents et respectueux. C'est le cas du peau à peau, que j'ai pratiqué instinctivement à la naissance de mes deux enfants. À la naissance, si le bébé est en bonne santé, les soins protocolaires sont reportés afin de laisser place à un instant précieux. Celui qui, quelques minutes auparavant était encore au creux du ventre de sa maman, entre en contact peau à peau avec sa maman. Pour les enfants nés par césarienne, le peau à peau est possible avec son autre parent, homme ou femme. L'intérêt est multiple :

- **réchauffer** l'enfant grâce à la chaleur corporelle de son parent ;
- **le sécuriser** après une transition fort brutale entre le liquide amniotique et l'air libre ;
- **stimuler** ses défenses immunitaires au contact de la flore bactérienne de son parent ;
- **encourager** la production d'ocytocine (autrement appelée « hormone de l'amour ») chez le bébé et ses parents pour favoriser l'attachement.

La tétée de bienvenue (ou tétée d'accueil) participe à cet environnement enveloppant à quelques minutes de vie.

Installer les bases d'une confiance en soi solide passe par la conscience et le respect de son propre corps. De fait, certains actes supposés bénéfiques pour la santé sont à bannir. Je pense notamment au décalottage ainsi qu'au lavage de nez agressif et douloureux. En somme, faire en sorte que l'enfant ne se sente pas agressé dans ses parties les plus intimes ou délicates. De même, il est préférable de ne pas ébruiter à l'ensemble de la sphère familiale toutes les petites particularités physiques de l'enfant. Les oncles et tantes n'ont pas besoin de savoir que votre fils a une verge de petite taille ou que ses testicules ne sont pas descendus.

Les effets bénéfiques et psychologiques du toucher ont été démontrés par plusieurs études : diminution du stress, baisse de l'agressivité, amélioration de l'image corporelle, impact sur la confiance en soi… Aujourd'hui, « les chercheurs commencent à comprendre le mécanisme neural impliqué dans le toucher fait avec tendresse : une interaction sociale positive, particulièrement lorsqu'elle implique le toucher, stimule la production d'ocytocine. Cela réduit la pression sanguine et les niveaux de cortisol dans l'organisme tout en stimulant la croissance et la santé », écrit Aletha Solter[50].

On a tendance à dire que c'est entre six et douze ans que se trouve la période idéale pour écouter son corps : c'est en effet le moment où le rapport de l'enfant au corps est apaisé. Le schéma corporel et l'image du corps continuent de se construire avant la grande aventure de l'adolescence. C'est le moment propice pour écouter son corps et en prendre soin (*cf.* outil 18 et outil 19).

Outil 17
Le Do in

Corps - Dès 2 ans

Pour se recentrer et se détendre tout en découvrant son corps. Confiance en soi et coordination sont stimulées.

▸ **Le *Do in* est un terme issu du japonais** (*do*: la voie; *in*: l'énergie). Il s'agit d'une méthode de bien-être ouvrant donc une voie vers l'énergie, en s'appuyant sur une gestuelle précise [51]. Il s'agit d'une méthode d'automassages sur des points précis du corps afin de faire circuler l'énergie. Cette pratique chinoise antique, se rapprochant du Shiatsu, peut se pratiquer au quotidien.

▸ **Qui?**

Toute la famille peut pratiquer. En termes de limite d'âge, j'ai indiqué deux ans, mais en réalité on peut débuter dès que l'enfant est capable de reproduire les gestes de son parent sans se faire mal.

▸ **Quand?**

Choisir un moment qui convienne à l'enfant car il est nécessaire que celui-ci donne son accord. Cela peut devenir un rituel du matin ou du soir. Compter cinq à dix minutes pour une séance.

▸ **Comment?**

1. **S'installer dans un endroit calme.** L'adulte et l'enfant sont face à face et pratiquent simultanément.
2. **Rassembler l'énergie.** Se frotter les mains énergiquement afin de sentir de la chaleur, puis les poser sur son visage.

•••

…

3. **Visage.** Lisser le visage en passant l'index sur les sourcils puis dessous, suivre l'arête du nez, pincer le bout du nez, ouvrir la bouche avec ses deux index.
4. **Membres supérieurs : bras, coudes, mains, poignets.** À l'aide du poing fermé, tapoter l'extérieur du bras. Recommencer pour faire l'intérieur. Masser la main puis tirer sur chacun des dix doigts.
5. **Abdomen : dos, poitrine, ventre.** Se mettre debout, se pencher en avant et tapoter le dos avec le tranchant de la main. Selon la souplesse, essayer de monter le plus haut possible. Tapoter sur sa poitrine comme pour jouer du piano. Sur le ventre, faire des ronds dans le sens des aiguilles d'une montre, puis se donner des petites tapes (comme pour mimer un « Miam, que j'ai bien mangé ! »).
6. **Membres inférieurs : cuisses, genoux, mollets, pieds.** Avec le poing fermé, tapoter l'extérieur des jambes en descendant. Puis effectuer le même geste pour l'intérieur. Masser les pieds, la plante ainsi que chacun des dix doigts de pieds.
7. **Se détendre.** On peut terminer la séance par une position allongée.

Soyez bien attentif à la disponibilité et à la concentration de l'enfant afin d'écourter la séance si nécessaire. Au fur et à mesure des séances, il est possible d'inverser les rôles afin de laisser l'enfant débuter les mouvements le premier.

« Notre corps est notre jardin,
et notre volonté en est le jardinier. »
William Shakespeare

Masser son enfant, le bonheur du toucher

« Les êtres humains ne peuvent survivre sans toucher, c'est un besoin comportemental fondamental », a écrit Ashley Montagu [52]. Sans le toucher, l'enfant meurt. Un toucher sain permet non seulement la survie… mais aussi l'épanouissement, qui participe à la confiance en soi. Le massage de son enfant permet le partage d'un moment privilégié, et de prendre un temps pour soi et son enfant. Masser permet d'être attentif à ses gestes ainsi qu'être à l'écoute des réactions de son enfant. Ce dernier s'ouvre au bonheur du toucher, même s'il a déjà expérimenté ce sens *in utero* durant les neuf mois où il était protégé. La peau est l'organe le plus étendu, la sensorialité est primordiale et cela participe donc à l'éveil du sens du toucher. Bébé est très réceptif. Nos mains sont amour, le massage est un moment de partage avant tout, qui peut aussi être un instant de soin. Sincérité, confiance et humilité animent cet échange. De fait, masser favorise et entretient la relation parent-enfant. Le massage est rassurant pour l'enfant qui expérimente et retrouve les limites de son corps. Sa croissance étant importante, le massage permet à Bébé une mise à jour de ses données corporelles, favorisant la conscience qu'il se fait de lui-même. Et nous avons vu précédemment combien cette donnée est fondamentale pour le développement de la confiance.

Par ailleurs, les massages offrent de nombreux bienfaits : la stimulation des systèmes nerveux, cardiaque, immunitaire, hormonal, ainsi que l'élimination des toxines. De plus, ils sont une aide précieuse à la circulation sanguine et à celle des énergies du corps (oxygénation, vascularisation).

J'attire votre attention sur le concept de toucher bienveillant. Ainsi, pour obtenir une bonne qualité de toucher, il est fondamental de toucher l'autre avec sincérité. Ce toucher bienveillant peut se pratiquer sur tous : un nouveau-né, un enfant, un adulte, une personne âgée… et pourquoi pas d'autres êtres vivants extérieurs à l'espèce humaine !

Pour apprendre, l'idéal est de suivre un atelier animé par un instructeur (ou instructrice) [53]. Il est également possible de se lancer seul, en respectant toutefois quelques précautions (pièce suffisamment chauffée, moment propice, huile végétale de qualité…) [54].

« Le massage est un merveilleux moyen de communication qui offre au bébé un moment d'échange privilégié et renforce le lien d'attachement qui le lie à ses parents. Il favorise sa transition vers le monde extérieur renforçant ainsi son sentiment de sécurité. Il aide à intégrer son schéma corporel lui permettant peu à peu d'intégrer son propre corps. Il y fait l'expérience répétée de ses limites corporelles. »

Josette Gabriel [55]

Outil 18

Le massage contenant (ou massage glissé)

Corps - Dès 3 ans

Pour prendre soin de soi et se connaître soi-même.

- «Ce massage est appelé "contenant" car il permet par des pressions exercées sur l'ensemble du corps de **montrer à l'enfant les limites de son corps, sa forme, son épaisseur, le contour de chaque partie de son corps. Autrement dit, il permet de lui donner conscience de sa globalité physique.** Ce massage, exercé sur l'ensemble du corps, de façon continue, c'est-à-dire sans lâcher le contact, et symétrique, permet à l'enfant d'intégrer aussi bien son schéma corporel que son image corporelle[56].»
- Il s'agit d'un massage qui a l'avantage de pouvoir se pratiquer habillé, sur un nouveau-né, sur un enfant ou sur un adulte. Lors d'un instant calme, et avec l'accord de l'enfant, le masseur appose une paume de la main durant quelques secondes sur une partie du corps du massé. Puis, avec l'autre paume de main, par alternance, il exerce une pression sur une autre partie du corps. Le massage s'effectue, comme pour n'importe quel échange énergétique, du haut vers le bas. Le principe est de passer en revue tous les contours du corps afin que le massé prenne conscience de ses limites corporelles.

Variante: peut se pratiquer en automassage!

« C'est en dedans qu'est la source du bien et elle peut jaillir sans cesse si tu fouilles toujours. »

Marc Aurèle

La motricité libre

« Plus l'enfant est dans une liberté de mouvements, plus il va développer une sécurité intérieure et une confiance en lui. »
Arnaud Deroo

La motricité libre permet à l'enfant de prendre confiance en lui, petit à petit, en suivant son rythme personnel. Environnement sécurisé et cadre affectif constituent un préalable. Ensuite c'est l'enfant qui, pierre après pierre, bâtit l'édifice intérieur qui lui permet d'évoluer corporellement, à son rythme.

Au milieu du xxe siècle, Emmi Pikler était la directrice de la pouponnière de Lóckzy à Budapest. Elle y a mis en place et développé ses théories en observant les capacités motrices dont l'enfant dispose lorsqu'il est laissé libre de ses mouvements. Le postulat de départ est que, pour se mouvoir, le nourrisson n'a pas besoin de l'aide de l'adulte. Si l'enfant fait seul, en toute liberté, sans incitation, il apprend mieux. Il s'agit de ne pas l'asseoir ni de le mettre debout sans qu'il ait appris à le faire seul.

Pratiquer cette motricité libre, c'est éprouver une pleine confiance dans les capacités de son enfant, c'est lui envoyer un signal fort sur ses potentialités, c'est favoriser le plein épanouissement de son capital confiance, et c'est sans aucun doute le meilleur

moyen d'assister à son développement harmonieux. L'enfant a la capacité de se développer et de se mouvoir par lui-même, cela participe de son développement physiologique naturel. Le fait de le laisser faire seul forge son estime et son autonomie. Comme l'enfant sait qu'il peut atteindre une position ou s'en extraire, le sentiment de sécurité apparaît. La motricité libre favorise donc le développement de l'enfant à plusieurs niveaux : autonomie, aisance corporelle, estime de soi, confiance en soi.

Concrètement, comment procéder ? Dès la naissance, un tapis au sol peut être le terrain de jeu du nouveau-né. On peut organiser un espace d'éveil avec un miroir, un mobile, quelques objets aux couleurs et aux textures variées, juste de quoi susciter sa curiosité. On ne montre pas une position nouvelle à l'enfant et on ne le place pas dans une position qu'il n'atteint pas seul et dont il ne peut s'extraire seul. Pratiquer la motricité libre c'est choisir de ne pas mettre Bébé assis ni debout, c'est également ne pas l'aider à marcher en lui tenant les mains et les bras en l'air…

En complément de cette pratique, mes enfants ont bénéficié du **bain libre ou bain libéré.** Comment procéder ? Quand je baignais mon nourrisson, j'utilisais une petite baignoire dans le but d'utiliser moins d'eau… Là, Bébé était allongé et je le maintenais avec mon avant-bras et ma main. Mais, rapidement, vers l'âge de trois mois, ladite baignoire est devenue trop petite. J'ai donc transféré mon bébé dans la baignoire de la salle de bain. Dans très peu d'eau (à hauteur d'oreilles ou recouvrant juste les oreilles) ; Bébé était sur le dos et libre. Je ne le tenais pas ; je restais bien évidemment à ses côtés.

C'est de la motricité libre mais dans l'eau. Bébé est libre de barboter, patauger, jauger ses mouvements, se retourner légèrement sur le côté. On appelle cela le bain libéré [57]. Au final, point de transats et autres anneaux qui sont selon moi des entraves aux complets mouvements de l'enfant. À titre personnel, j'ajoute tout de même un tapis antidérapant. Quant à moi, j'ai les mains libres pour jouer avec mes deux enfants dans le bain, ou tout simplement je les observe.

> *« La liberté motrice consiste à laisser libre cours à tous les mouvements spontanés de l'enfant, sans lui enseigner quelque mouvement que ce soit. »*
>
> Emmi Pikler [58]

Bien dans mon corps

Outil 19

Prendre soin de son corps : confectionner ses cosmétiques

Corps - Dès 3 ans

Pour respecter son corps et obtenir une image valorisante de soi.

▸ L'idée n'est pas de revenir sur les soins d'hygiène élémentaires, mais de mettre une pointe de créativité dans le respect dû au corps en proposant à l'enfant de fabriquer lui-même ses propres produits de beauté/hygiène. Et c'est un petit plus pour la planète dans une démarche « zéro déchet ». Voici donc un temps ludique, créatif, instructif, écologique, dans le respect de son propre corps et de la planète. Selon l'âge de l'enfant, l'adulte est plus ou moins présent et l'atelier peu ou prou guidé.

▸ **1. Fabriquer son dentifrice**

Dans un petit pot à confiture, mélanger 8 cuillères à soupe d'argile, 3 ou 4 cuillères de bicarbonate de soude, 1 cuillère à soupe de glycérine végétale et 2 cuillères à soupe d'eau. Lier tout cela jusqu'à l'obtention d'une pâte lisse. Pour un goût plus frais, il est possible d'ajouter 3 gouttes d'huile essentielle de citron ainsi que 20 gouttes d'arômes alimentaires (fraise, framboise...).

▸ **2. Réaliser son gel douche au chocolat**

Dans un petit flacon, mélanger 230 ml de base lavante neutre, 15 ml de base moussante végétale ainsi que 5 ml d'extrait aromatique de cacao.

•••

▸ **3. Confectionner une eau de rose pour nettoyer son visage**

Faire bouillir 1 litre d'eau distillée et la verser dans un saladier. Après avoir récolté 5 grosses poignées de pétales de rose, les plonger dans l'eau chaude et les laisser infuser environ trois jours. Passé ce délai, filtrer le mélange, et transférer la mixture dans un flacon à placer au réfrigérateur. Il suffit de quelques gouttes sur un coton par jour pour nettoyer la peau !

▸ La liste des cosmétiques réalisables à la maison en toute simplicité est infinie. Faites confiance à votre imagination et vos souhaits, dans le respect de la sécurité, notamment en ce qui concerne les huiles essentielles[59].

« Fait du bien à ton corps pour
que ton âme ait envie d'y rester. »
Proverbe indien

Bien dans ses baskets !

« Pour se connaître, il faut s'accepter. »
Albert Camus

Pour terminer, qu'en est-il de l'acceptation de son corps ? Il me paraît nécessaire de faire en sorte que chacun accepte ses imperfections. Mais d'ailleurs… quels défauts ? Une personne sans travers, ça n'existe pas. Certains enfants se voient de façon très négative. Trop gros. Trop grand. Cheveux trop frisés ou trop raides. Pas assez comme ci. Trop comme ça. Nous, adultes, savons qu'au cours de la vie nous traversons des périodes de doutes. Mais les critères de beauté diffèrent selon les époques et les cultures. **Notre rôle est donc d'inviter l'enfant à prendre du recul par rapport aux normes de beauté qu'il s'impose.** Peut-être serait-il souhaitable de tenir nos enfants éloignés des publicités présentant des personnes parfois très (trop ?) maigres. Elles sont loin d'être des modèles à suivre. N'oublions pas non plus que nous sommes NOUS, éducateurs, des modèles. De surcroît, le *leitmotiv* consistant à rester soi-même et être bien dans son corps se doit de devenir un véritable garde-fou. Je le vois au quotidien au sein de l'établissement dans lequel j'enseigne. Avoir confiance en soi commence par le bien-être. Si l'on prend l'exemple de la mode, nous ne pouvons que conseiller aux jeunes, enfants ou adolescents, quel que soit leur âge :

- de porter des habits confortables, adaptés à l'activité pratiquée (école, sport...) ;
- de porter des habits qui leur ressemblent... ou pas ! On ne peut pas plaire à tout le monde, c'est un fait. La tenue que l'enfant porte est un indicateur de son caractère et ses goûts. Les formes, les couleurs, le style... sont autant de variations possibles. Assumer son style, c'est gagner en confiance. Certains sont attirés par le vert, d'autres par les motifs. Mon fils aîné, par exemple, se sent bien dans des vêtements de couleur bleue. Quand certains préfèrent les pantalons, d'autres optent pour les jupes. Ainsi, il m'est arrivé de faire la rencontre de petits garçons (âgés de quatre ans environ) qui adoraient porter des jupes. *A contrario*, certains enfants se sentent mieux lorsqu'ils se fondent dans la masse. Ils adoptent alors un look « basique », peu voyant, en suivant la mode de loin ;
- de rester libres en évitant de devenir esclaves des marques et de la publicité.

Je sais, tout cela n'est pas simple...

L'ESSENTIEL À RETENIR

- Les neurosciences nous renseignent sur la structuration du cerveau (cerveau archaïque, système limbique et néocortex) et l'immaturité de celui de l'enfant.
- Avec la plasticité cérébrale, rien n'est figé.
- Le regard vers, l'affection, le soin, le toucher, le contact, la simple présence… sont autant de merveilles nécessaires au plein épanouissement de l'enfant.
- Selon la théorie de l'attachement (Bowlby), la proximité parent-enfant est à la source d'une prise d'autonomie spontanée pour l'enfant.
- Prendre un enfant dans ses bras, c'est le rassurer, le ressourcer. À bras ou porté, l'enfant voit ses besoins primaires assouvis et cela participe à la confiance en soi.
- Dans notre vie de tous les jours, il n'est jamais bon de nier ou de fuir nos émotions. Il faut savoir leur accorder la place qu'elles méritent. Pour cela, il est indispensable de savoir les nommer.
- L'enfant a donc besoin de connaître et de ressentir pleinement son corps.

COMMUNIQUER

Le pouvoir des mots, la puissance des maux

1. ÉDUQUER AVEC EMPATHIE ET DOUCEUR

« Ne cherchez pas à éviter à vos enfants les difficultés de la vie ; apprenez-leur à les surmonter. »

Louis Pasteur

La protoconversation

Un nouveau-né est programmé pour reproduire nos émotions, mais il est également paramétré pour accroître sa confiance en lui-même en puisant dans les regards, les mots, les caresses des personnes qui l'entourent. Cela se nomme la « protoconversation ». Elle est une interaction entre un adulte (généralement la figure d'attachement principale) et un bébé, qui comprend des mots, des sons et des gestes [60]. Une sorte de prélangage en somme, primordial au bon développement de l'enfant car il lui donne, dès les premières minutes de vie, conscience de lui-même. Quoiqu'il arrive, nous, parents, sommes programmés pour analyser et interpréter ces différents signaux. Par exemple, que le bébé soit allaité ou nourri au biberon, nous sommes capables de décoder son attitude.

Répondre aux pleurs c'est installer les bases de la confiance en soi

Un nouveau-né envoie des signaux, il communique pour agir sur son monde. Il pleure pour être nourri ou pris dans les bras par exemple. Ses pleurs nous sont insupportables… et doivent l'être car le bébé cherche à nous faire réagir pour obtenir satisfaction de ses besoins. Il en va de sa survie, dans un mécanisme plus général de survie de l'espèce.

On pourrait chercher à analyser les différents pleurs : « J'ai faim », « Je suis fatigué », « J'ai mal ». Mais la réalité est plus complexe car souvent, il s'agit d'un mélange de tout ou partie de ces maux. Il est généralement conseillé de répondre aux pleurs par le sein (ou le biberon) à la demande, par le bercement, par le portage. Si Bébé continue de pleurer malgré cela, alors il est nécessaire de chercher la cause ailleurs. Répondre aux pleurs d'un bébé, c'est installer les bases de la confiance en soi.

Ainsi, ai-je fait le choix de ne pas laisser mes enfants pleurer.

Et d'ailleurs, s'agit-il vraiment d'un choix ? Cela ne correspond-il pas davantage à un instinct naturel ? En tout cas, il faut s'attendre aux réactions de l'entourage qui admet communément, par exemple, qu'il faut laisser pleurer les bébés pour qu'ils apprennent à trouver leur sommeil. Combien de fois m'a-t-on conseillé de laisser pleurer mon fils : « Laisse-le pleurer, ça lui fera les poumons ! » Franchement, en quoi une telle attitude pourrait-elle être scientifiquement validée, et humainement satisfaisante ?

Dans la série, j'ai pu entendre également : « Si tu réponds à ses pleurs, tu vas en faire un capricieux. »

Il faut savoir qu'avant trois ans on ne raisonne pas en termes de « caprices » mais de besoins.

> *« Si les réponses de l'entourage sont adéquates aux signaux envoyés par le nouveau-né, puis le nourrisson, lui apportant protection, réconfort et consolation quand il en a besoin, il développera une base de sécurité et une image positive de lui-même. »*
>
> Edwige Antier

Paroles, paroles

Parler. Communiquer. Échanger des mots. Utiliser un registre lexical riche et varié. Voici un des moyens d'entretenir la confiance en soi. Deux chercheurs de l'université du Kansas, Todd Risley et Betty Hart, ont montré que, lorsqu'il commence à être scolarisé, c'est-à-dire vers quatre ans aux États-Unis, un enfant peut avoir entendu trente millions de mots de plus que ses pairs. Ce dernier a, par conséquent, plus de vocabulaire, acquis sans efforts. Ces chercheurs démontrent que cet enfant, devenu généralement lecteur plus assidu, est plus confiant.

Quant à la communication verbale, je conseille de toujours respecter le rythme de l'enfant. Parler tôt, parler tard, au final cela ne veut pas dire grand-chose : il n'y a pas de challenge ! En revanche, faire preuve de patience sera plus formateur pour la confiance que de forcer un enfant à parler. De même, si l'enfant ne prononce pas convenablement un mot, il n'est pas nécessaire de décomposer le mot en appuyant fortement sur les syllabes, le faisant répéter comme un perroquet. Il pourrait raisonner en termes d'incapacité. Que faire alors ? **Tout simplement prononcer ledit mot dans une phrase anodine, l'enfant enregistre, faites-lui confiance.** Par exemple, à un enfant qui dit : *« Ture »*, on ne répondrait pas : *« On dit VOI-ture, VOI-ture »* mais plutôt : *« Oui tu as raison, c'est une voiture. »*

De la douceur…

Ne pas nuire à soi-même, ne pas nuire aux autres, voici les adages de nos sociétés. Alors pourquoi ne pas les appliquer aussi aux plus jeunes ? Pour renforcer leur sentiment de sécurité, et **pour apprendre à vivre en société, les enfants ont besoin de règles.** Un adulte patient, qui accompagne l'enfant avec douceur, installe les bases d'un apprentissage paisible et serein. Pour apprendre, je reste persuadée qu'un enfant doit comprendre. Cela permet de préserver la confiance et le lien qu'il entretient avec ses parents. Selon le psychologue Daniel Goleman [61], l'un des secrets du bonheur réside dans le fait de savoir se remettre d'une frustration ou d'une déception. Et pour ce faire, l'empathie, la douceur, l'accompagnement en sont les pierres angulaires.

Pour affiner sa conscience de soi et sa confiance en soi, l'enfant doit avoir le sentiment d'être reconnu, respecté, compris, entouré. Cela passe par la douceur de nos gestes et de nos paroles. Ainsi, en consultation chez le pédiatre ou le médecin généraliste, j'évite tout geste brusque, parole non respectueuse ou action nettement forcée. Ma fille cadette n'a jamais été encline à se faire ausculter, manifestant très vite des signes de gêne, voire d'angoisse. Mon médecin généraliste, très compréhensif, débute l'auscultation alors qu'elle se trouve dans mes bras. La majeure partie de l'acte clinique se pratique avec bébé à bras, voire au sein si nécessaire. Le docteur parle, explique, rassure, en douceur. Le parent fait de même. Ma fille accepte toujours ensuite d'être allongée (certes pas trop longtemps!) sur la table d'auscultation. Si je décidais de forcer ma fille à se détacher de moi pour la poser sur ce lit d'examen froid, afin de la dévêtir, et lui triturer la bouche et les oreilles avec un outillage méconnu, ce serait la crise de panique assurée. Si en plus il me venait à l'esprit de lui dire «Arrête de pleurer, ce n'est rien!», je serais certaine de faire naître chez ma fille, une phobie du corps médical…

À RETENIR

Il s'agit donc de répondre aux besoins émotionnels, affectifs et sociaux de l'enfant. La posture de l'adulte est fondamentale.

- *L'adulte doit être émotionnellement stable car les variations incompréhensibles pour l'enfant risquent de le déstabiliser.*
- *Il doit s'exprimer clairement, avec un langage adapté, en évitant des sollicitations impossibles ou trop difficiles à comprendre pour l'enfant. Si par exemple je demande à mon fils : « Range ton manteau et ton sac dans ta chambre, ramène ton cahier de vie dans la salle à manger. » vous pouvez être sûrs que le temps qu'il se rende dans sa chambre, il a oublié la seconde partie de ma demande !*
- *Le monde des adultes doit être accessible donc explicable, et ce, avec un vocabulaire adapté. C'est pourquoi il est si important de répondre aux innombrables et épuisants « pourquoi ».*
- *Il s'agit également d'éviter d'éventuelles contradictions entre langage verbal et non-verbal. Hurler « Arrête de crier » sur une échelle de décibels équivalente à celle des cris de votre enfant est un non-sens.*
- *Il est préférable que les règles fixées dans la maison soient moins nombreuses mais justes et qu'elles aient une véritable signification. Pour ma part, les règles de sécurité sont immuables et non négociables (s'attacher dans le siège-auto par exemple).*

En bref, l'enfant doit comprendre le monde dans lequel il vit. Si tel n'est pas le cas, il risque de penser qu'il en est incapable ; dans ce processus, il engage sa responsabilité. Sa confiance est alors sérieusement altérée.

Outil 20

« Merci à toi d'être toi »

Expression

Je vous propose un échange avec vous-même puis avec votre enfant.

- Dire « merci » a une portée puissante. La gratitude peut s'exprimer au quotidien par des petits actes anodins, des paroles…
- Cet outil a été développé par Juliette Siozac, créatrice de *Mon Moment magique* [62], des ateliers bien-être pour enfants. Il suffit de se munir d'un petit miroir dans la main. Ce moment de partage se fait en quatre voire cinq étapes :
- **1.** L'adulte tient le miroir, se contemple et dit : « Merci à moi d'être moi. »
- **2.** L'adulte pose le miroir, et plonge ses yeux dans ceux de son enfant : « Merci à toi d'être toi. »
- **3.** L'enfant prend le miroir, se regarde et dit : « Merci à moi d'être moi. »
- **4.** L'enfant pose le miroir, regarde au fond des yeux de l'adulte et révèle : « Merci à toi d'être toi. »
- **5.** Un câlin peut venir clore ce doux moment… et pourquoi ne pas se murmurer à l'oreille les raisons de ces remerciements…

« L'essentiel de tout bel art est la gratitude. »
Friedrich Nietzche

Et le mode de garde ?

Le mode de garde choisi pour l'enfant n'est pas sans incidence sur la confiance en soi. Choisir les personnes à qui j'allais confier mes enfants au terme de mes congés de maternité a été très difficile pour moi. Les soins sont importants… mais la posture, les mots, l'attitude bienveillante le sont tout autant. Pour le nourrisson, la base affective sécurisante doit être entretenue et maintenue. Pour faire le choix d'un mode de garde (membre de la famille, assistant(e) maternel(le), assistant(e) parental(e) à domicile, crèche), il est très important d'évaluer le niveau de qualification des professionnels sur ces notions de respect et de confiance. N'hésitez pas à les interroger directement. L'enfant doit sentir ses parents en confiance. De mon côté, je n'ai pas hésité à exprimer tout de suite et très clairement mes positions. Du coup, l'assistante maternelle de mon fils a accepté mes choix et la crèche de ma fille a su prolonger les liens de maternage que je pratiquais à la maison… l'équipe ne rechignant jamais à endormir ma fille à bras par exemple. Le choix d'un mode de garde en parfaite adéquation avec son modèle éducatif est donc fondamental.

Zoom sur l'accueil de la petite-enfance

Parmi les objectifs des projets des professionnels de la petite-enfance, on retrouve très souvent le fait de développer la confiance.
Voici un extrait de l'ouvrage *L'accueil de la petite enfance* d'Arnaud Deroo [63] :

« Accompagner à la confiance implique de donner à l'enfant une présence, une écoute, c'est grandir ensemble et surtout faire confiance aux enfants. L'éducation que nous avons reçue est bien souvent basée sur le pouvoir, une lutte de pouvoir où l'adulte doit gagner, et prendre le contre-pied à cette démarche n'est pas toujours simple. Par le passé, les enfants étaient vus mais rarement entendus, c'était le culte de l'obéissance qui n'a pas permis de développer l'amour de soi. Pour enrichir la confiance en soi, l'enfant a besoin face à lui d'adultes non pas parfaits mais authentiques. »

Dès les premières heures de vie, l'enfant a un amour inconditionnel absolu pour ses parents, n'oublions pas cela. L'enfant ne se sent plus aimé lorsque ses limites personnelles ne sont pas respectées.
C'est l'adulte qui est responsable de la relation, à lui d'en prendre la responsabilité.
Quand l'adulte attribue la faute à l'enfant, l'adulte se déresponsabilise et détruit peu à peu la confiance.
L'idée n'est pas d'être parfait mais d'être chercheur et authentique.

Être authentique, c'est faire que les besoins de chacun soient respectés (et non les envies).
Si l'équipe de la crèche souhaite cultiver la sécurité intérieure, chaque professionnel doit :

- *nettoyer son histoire personnelle ;*
- *abandonner ses croyances éducatives ;*
- *abandonner les critiques, les humiliations, les chantages, les récompenses, les jugements, les attentes illusoires, les « si », les « tu devrais », les « il faut ».*

Et plutôt développer :

- *le goût d'apprendre ;*
- *la joie de vivre ;*
- *ses compétences relationnelles, son écoute émotionnelle ;*
- *son authenticité ;*
- *son autorité bienveillante.*

L'enfant doit séjourner dans des lieux où il se sent en sécurité, en tendresse, en amour, où règne le plaisir d'être ensemble.

Ayez confiance dans votre capacité de grandir,
soyez heureux, en confiance.

Contre les violences éducatives ordinaires (VEO)

Le rôle d'un adulte est de protéger et non pas de frapper, d'agresser, de punir, de dévaloriser. Les menaces, les privations de liens, et autres humiliations détruisent durablement la sécurité affective de l'enfant. Chacun de ces comportements va produire peur et colère. L'enfant risque alors de devenir moins empathique et la socialisation n'en sera que plus difficile.

Peut-être est-il utile ici de bien rappeler ce qu'est la violence éducative ordinaire [64] ? Selon Olivier Maurel [65], la violence éducative ordinaire rassemble tous les comportements qui se veulent éducatifs, mais qui sont des formes de violence physique, verbale ou psychologique. Elles ont la particularité d'être tolérées voire préconisées dans certaines sociétés. Leur caractère pernicieux et dangereux réside dans le fait qu'elles sont niées en tant que violences pures et simples. Elles se veulent – et souvent en toute bonne foi – éducatives, pour « le plus grand bien » de l'enfant. Par leur aspect massif et répandu, elles sont qualifiées d'ordinaires. En France, rappelons que 75 à 85 % des enfants et adolescents en sont ou en ont été victimes.

Les expressions de la violence éducative ordinaires sont multiples :

- **violences verbales** et **psychologiques** (crier, injurier, se moquer, humilier, mentir, menacer, culpabiliser, rejeter, exercer un chantage affectif…) ;

- **violences physiques** (gifler, fesser, pincer, tirer les oreilles ou les cheveux, donner des coups de pied, secouer, saisir brutalement, bousculer, pousser, contraindre l'enfant dans une position inconfortable, privation de nourriture…).

Plusieurs éléments causals peuvent venir expliquer le recours à ces violences éducatives ordinaires :

- les (prétendues) vertus éducatives de ces pratiques ;
- la reproduction du schéma familial. En effet, le modèle d'éducation reçu est intégré comme normal ;
- une méconnaissance des vrais besoins de l'enfant, de ses stades de développement et des conséquences – voire séquelles – de la VEO.

Quels sont les effets de cette violence ?

- Effets physiologiques (contusions, plaies, etc.).
- Mortalité infantile (syndrome du bébé secoué par exemple).
- Vulnérabilité face aux maladies physiques et mentales.
- Vulnérabilité face aux risques d'accidents[66], d'abus sexuels, de violence conjugale.
- Difficultés à faire la distinction entre le bien et le mal (autrement appelées conséquences éthiques).
- Risque d'exercer plus tard une violence collective et politique (par exemple, génocides).

« L'obscurité ne peut chasser l'obscurité ; seule la lumière le peut. La haine ne peut pas chasser la haine ; seul l'amour le peut. »

Martin Luther King

« Le monde est sans pitié et nous te préparons à l'affronter », voici l'argument qui justifie certaines violences parentales aux yeux de leur progéniture. Sous couvert d'éducation, on ne peut décemment pas adopter un comportement au caractère destructeur.

Quand on utilise la peur, le stress, l'humiliation, la honte, la culpabilité pour « éduquer » un enfant, on envoie un message négatif qui altère la confiance en soi. Cela brouille le jugement ainsi que la représentation de soi.

2. LES EFFETS DÉLÉTÈRES DE NOS PAROLES

« Tous les adultes ont été des enfants un jour, même si peu s'en souviennent. »
Antoine de Saint-Exupéry

Les répercussions des paroles blessantes

Les paroles blessantes ou humiliantes ont des effets désastreux sur les enfants, qu'elles soient prononcées par des adultes ou par leurs pairs.

Susan Forward [67], explique que c'est un abus de lancer des attaques répétitives contre le physique de l'enfant (« Tu es laid »), ses capacités intellectuelles (« Tu es stupide »), ses compétences (« Tu es bon à rien »). Notez qu'il existe également des abus verbaux moins directs : railleries, sarcasmes, surnoms insultants, remarques subtilement dévalorisantes. On relève parfois des allusions à une présence non souhaitée (« J'aurais voulu que tu n'aies jamais vu le jour… »). L'exigence de perfection rentre également dans ce cadre. La psychothérapeute américaine note que parfois ces paroles blessantes sont dites sur un ton humoristique (« Tu as dû être échangé à la maternité », « On dirait un clown »). « Des abus verbaux si flagrants peuvent marquer l'estime de soi d'un enfant comme un fer rouge, laissant de profondes cicatrices psychologiques », écrit-elle. Le problème de ces paroles blessantes est que l'enfant les intériorise; les intègre dans son inconscient. Cette intériorisation relève du changement du « Tu es » en « Je suis » et établit la base d'une confiance en soi altérée voire dégradée. Un enfant qui subit ce type de paroles ne se sent plus capable, estimable, digne d'amour. L'enfant convaincu va en quelque sorte être conditionné et par conséquent faire que la parole malfaisante devienne vérité (*cf.* paragraphe suivant, « Prophétie et étiquetage »).

Et si par malheur mes mots dépassent un jour ma pensée. Que dois-je faire ? Personnellement, il m'est arrivé de dire des choses dont je ne suis pas fière. S'excuser est la base. Comme je le disais précédemment, nous sommes des êtres faillibles mais authentiques, l'enfant peut entendre nos excuses.

> *« Des insultes, des commentaires dégradants, des critiques humiliantes peuvent constituer pour les enfants autant de messages extrêmement négatifs sur eux-mêmes, des messages capables d'avoir des effets dramatiques sur leur bien-être futur. »*
>
> Susan Forward

Il est plus facile de détruire que de construire. Être perpétuellement ciblé par des phrases assassines, culpabilisantes, humiliantes ou dégradantes entretient une mémoire traumatique.

Muriel Salmona[68] l'a démontré: «Les enfants sont alors colonisés à la fois par une violence et une haine explosive, par un discours intérieur disqualifiant et agressif qui les attaque sans cesse, et par un sentiment de honte omniprésent.»

«Les enfants ont besoin de faire des erreurs et de découvrir que ce n'est pas la fin du monde. C'est ainsi qu'ils acquièrent de l'assurance pour tenter de nouvelles expériences dans leur vie.»

Susan Forward

Prophéties et étiquetage

«Arrête de jouer avec ce jouet, tu vas le casser!», «Attention tu vas renverser ce verre!», «Ne t'approche pas trop près de la marche, tu vas tomber!» On pourrait croire que certaines fois nos paroles sont de véritables prophéties. Pour autant, le fait de devenir parent nous confère-t-il soudain des talents de voyance? Je ne crois pas… Quand quelqu'un (et qui plus est notre figure d'attachement) nous prédit un échec, il est fort à parier qu'on se sent un peu humilié. L'enfant peut avoir plusieurs réactions suite à ces paroles. Il peut se sentir rabaissé et perdre confiance. «Maman pense que je ne vais pas réussir à boire mon verre seul sans le faire tomber. » Il peut aussi tenter de vouloir prouver qu'il maîtrise l'action, en persévérant mais en étant un peu perturbé... et finalement échouer... et se dire : « Maman a raison. »

Bref, nos paroles ont un impact fort, dans un sens comme dans l'autre. Ne négligeons pas le pouvoir des mots.

Les enfants ont tendance à coller invariablement aux projections que l'on plaque sur eux. Cela concerne ceux qui s'appliquent tout particulièrement à se conformer à nos attentes. Ainsi, en répétant à un enfant qu'il est hyperactif, nul en mathématiques..., nous le jugeons et il peut interpréter ce jugement comme une injonction à être hyperactif, à devenir nul en mathématiques. Pour lui, le parent sait et dit vrai. Du coup, il va ajuster son comportement en fonction et va se retrouver prisonnier d'une spirale dont il va lui être difficile de sortir. Les étiquettes sont rarement faciles à porter et elles vous collent longtemps à la peau... Répéter à un enfant qu'il n'a pas confiance en lui ne fait qu'entretenir cet état de fait. Comme l'écrit Isabelle Filliozat : « **Les enfants ont tendance à se conformer aux définitions que nous faisons d'eux.** » Ensuite, il est tellement facile de conclure par un : « Je te l'avais bien dit ! »

Toutefois, les étiquettes positives ont aussi leur incidence ! Je conçois bien qu'il est difficile pour un parent de ne pas s'enorgueillir du fait de répéter à son enfant qu'il est très sage ou très gentil. Mais là encore, cette image va emprisonner l'enfant. Il va tout faire pour s'y conformer. Que devient sa liberté, son épanouissement ? Mais d'ailleurs, « Il n'a pas confiance en lui », n'est-ce pas une étiquette ?

Alors comment procéder ? Lorsque je m'adresse à mes enfants, je préfère commenter leurs actes plutôt que d'énoncer un jugement de valeur qui touche à leur personnalité même. Ainsi, au lieu de dire : « Tu es gentil », je dis : « Je suis contente de voir ta chambre rangée. » **Il est toujours nettement moins angoissant et dévalorisant pour un enfant de recueillir un avis sur ses réalisations que sur sa personne.** Aussi, essayons d'abandonner nos automatismes. Avec un peu d'entraînement, c'est possible ! Un « Tu as renversé le verre » est préférable à un « Mais que tu es maladroit ! ».

Outil 21

Atelier d'écriture

Communication - Dès 6 ans

Pour échanger par écrit afin de faire naître ou d'entretenir une confiance réciproque.

▸ Il s'agit de répondre par écrit (des phrases, quelques mots, des dessins…) à quelques questions énoncées à l'oral. Chacun des participants à l'atelier d'écriture rédige ses réponses. Voici des exemples de questions :

- *Qu'est-ce que tu as aimé faire aujourd'hui ?*
- *Qu'est ce qui t'a rendu fier ?*
- *Qu'as-tu trouvé rigolo ?*
- *As-tu pris soin de toi ?*
- *As-tu pris soin des autres ?*

« L'écriture est la peinture de la voix. »
Voltaire

3. POSITIVER !

« Tout le monde est un génie, mais si vous jugez un poisson sur sa capacité à grimper à un arbre, il passera sa vie à croire qu'il est stupide. »
Albert Einstein

Littéralement, « valoriser » c'est montrer à quelqu'un qu'il a de la valeur.

Dans une étude intitulée *School Matters* et portant sur cinquante adolescents anglais, des chercheurs[69] ont montré qu'au sein de sa famille, un enfant entend par jour, en moyenne, seize déclarations négatives ou injonctives (« Range ta chambre ! », « Ne mange pas de chocolat ! », « Dépêche-toi ! ») pour une positive. Dans nos sociétés, la louange serait-elle alors associée à une forme de faiblesse et la critique assimilée à la bonne norme ?

Outil 22

Un monde en noir et blanc

Expression - Dès 3 ans

Pour valoriser les talents et les points forts en prenant le contre-pied des défauts et points faibles.

- Si l'enfant n'est pas en mesure de citer ses points forts, talents et autres supers-pouvoirs, on peut lui demander de citer trois points faibles et autres défauts. Pour chacun d'eux, il s'agira de trouver le revers de la médaille, le côté positif!

  Par exemple, si l'enfant trouve qu'il est bavard, on peut valoriser le fait qu'il possède la faculté de bien communiquer. S'il pense que l'impatience est son pire défaut, on peut contrebalancer en insistant sur sa vivacité d'esprit.

- En cherchant bien, on trouvera toujours un côté positif à ce que l'enfant perçoit comme un point faible.

*« On voit les qualités de loin
et les défauts de près. »*
Victor Hugo

Quand un enfant apprend à faire du vélo, il ne viendrait à l'idée de personne de lui dire qu'il n'y arrivera jamais. Au contraire ! On répète inlassablement à l'enfant apprenant qu'il possède les moyens physiques et psychologiques pour le faire. Croire dans les potentiels de son enfant, et lui exprimer clairement, sans équivoque, c'est l'un des plus forts stimulants de la confiance.

« Traitez les gens comme s'ils étaient ce qu'ils pourraient être et vous les aiderez à devenir ce qu'ils sont capables d'être. »
Goethe

Peut-être connaissez-vous Maslow, le célèbre psychologue américain du début du xxe siècle ? Il explique que tout individu a différents types de besoins. Ils sont essentiels à sa croissance en tant qu'être humain. Il s'agit des besoins « d'avoir » et des besoins « d'être ». Dans ces derniers, on retrouve tout ce qui tourne autour du sentiment d'appartenance mais aussi de la réalisation de soi. « Révéler à l'enfant ses capacités et ses talents lui permet d'être entendu et respecté dans ses besoins de base », écrit Ostiane Mathon[70]. **Croire au potentiel d'un enfant c'est une chose, mais lui exprimer renforce sa capacité à y croire et permet d'ouvrir le champ des possibles.**

Outil 23
Encourager

Communication - Dès la vie intra-utérine

Pour encourager en toute sincérité.

▶ Quelques petites phrases que l'on peut dire à l'enfant, en toute authenticité.

« Tu as le droit de penser ce que tu veux mais moi j'ai confiance en toi. »
« Tu es capable ; tu as les ressources en toi pour réussir. »
« Je sais que tu peux échouer mais tu as les compétences pour réussir dans tel ou tel domaine. »
« Tu as le droit d'échouer et de te relever, c'est ainsi que tu as appris à marcher. »
« Je connais tes compétences et je sais que tu les as mobilisées seul pour arriver à ce résultat. »
« Je crois en toi. »
« Tu as toujours le choix. »
« J'aime ton sourire. »

« On aide plus un être en lui donnant de lui-même une image favorable qu'en le mettant sans cesse en face de ses défauts. »
Albert Camus

Comprendre
L'enfant a besoin de comprendre (et donc d'entendre) ce qu'il fait bien afin de pouvoir réitérer l'expérience. Le cas échéant, cela nécessite qu'on lui explique ce qu'il reste à améliorer afin qu'il puisse adapter ses stratégies. Complimenter c'est faire plaisir à l'enfant, c'est lui envoyer le signal que l'on remarque ses efforts, c'est savoir comment refaire.

Valoriser veut dire évaluer les actes et les performances… en évitant tout jugement de valeur sur la globalité de l'enfant («Tu es gentil»). Adèle Faber et Elaine Mazlish [71] parlent de «compliment descriptif». En effet, au lieu d'évaluer («Tu as rangé ta chambre. Tu es vaillante»), décrivez ce que vous voyez («Je vois qu'on a fait beaucoup de travail ici. Tous les blocs sont dans leur boîte et toutes les billes sont ramassées») ou comment vous vous sentez («C'est un plaisir d'entrer dans cette chambre»). On peut aussi résumer en un mot le comportement digne de louange («Tu as trié tous tes feutres et crayons dans des boîtes dédiées. C'est ce que j'appelle de l'organisation!»).

« Les mots qu'on reçoit,
c'est comme des parfums qu'on respire. »
Francis Cabrel

Il n'est nullement question de flatter ou de tromper. J'aime beaucoup la réflexion que Ostiane Mathon fait à ce sujet : « **Valoriser, c'est exprimer, le plus authentiquement possible, ce dont l'enfant est capable et ce dont il n'est pas ENCORE capable. Tout est dans cet encore, dans cet élan vers un quelque chose à venir et qu'il reste à accomplir[72].** »

Les extrêmes sont rarement les bons choix. Tout est affaire de dosage. Ainsi, valoriser à outrance n'est pas une solution. Quand on valorise, il est important d'être sincère. Il n'est pas question de gonfler l'ego par une pluie de remarques dithyrambiques. En effet, trop de compliments, trop de flatteries sont susceptibles de faire peser une pression sur l'enfant. Il risque de développer une dépendance à l'acceptation, faisant tout pour mériter les louanges. Comprenons bien ici que le compliment, au même titre que toute autre récompense, a tendance à réduire la motivation de l'enfant. Ce dernier risque d'accentuer ses efforts en vue de l'obtention de la félicitation en se détachant de son objectif, de son plaisir à la réalisation d'une tâche. Le renforcement positif sera donc inadapté dans ce cas.

« Celui qui est noble met l'emphase sur les qualités et les vertus de ses semblables. »

Confucius

Outil 24

Admiration

Communication - Dès 6 ans

Pour réfléchir sur ses propres qualités.
En effet, on admire très souvent chez les autres des qualités que l'on possède déjà en soi[73]*.*

- C'est un exercice que l'enfant peut faire seul, ou que l'on peut faire en même temps que lui.

- Se munir de papier et de stylo.

- En haut de la feuille, écrire le nom d'une personne que l'on admire, un personnage réel ou imaginaire, peu importe. Sous le nom en question, il s'agit de dresser la liste de ses qualités, en essayant d'être le plus complet possible.

- Juste à côté du nom de la personne déjà évoquée, écrire son propre prénom. Relire la liste des qualités listées et guetter les réactions et sentiments de l'enfant.

« Ceux qui ont mauvaise opinion d'eux-mêmes sont incapables d'admiration. »
Simone de Bignicourt

L'importance du langage non verbal
Saviez-vous que seulement 10 % d'un message passe par sa dimension verbale ; c'est-à-dire par les mots prononcés ? Cela revient à dire que 90 % d'une conversation filtre par le langage non verbal : timbre, débit et volume de la voix, contact visuel, gestuelle, expressions faciales… Ce qui est donné à voir et à analyser à notre interlocuteur a autant d'importance que ce que l'on peut dire. Encore une fois, j'insiste donc sur l'authenticité et la sincérité dont l'adulte doit faire preuve. Ainsi, quand on valorise ou complimente un enfant, il est primordial de le faire avec sincérité. Si notre corps exprime le contraire de nos paroles, quel message fait-on passer ? Si je dis à mon enfant que je crois en sa capacité à acquérir la continence mais que je ne le pense pas vraiment, mon corps me trahira. Il serait malvenu que l'enfant entende des messages différents, voire contradictoires. Il n'y a que quand la tête, le cœur, et le corps sont en parfaite adéquation que le message passe avec le plus profond des respects et la plus parfaite authenticité.

« La parole est d'argent mais le silence est d'or » dit le proverbe. Le silence c'est une pause, le seuil de notre intériorité. Il suffit parfois d'un sourire, d'une main posée sur l'épaule, d'un regard aimant appuyé, d'un clin d'œil, d'un pas en avant, d'une main tendue…

4. ÉCOUTER

« Aucun ressenti intime exprimé par quiconque n'est contestable en soi. »
Jacques Salomé

Deux types d'écoute

Il existe deux types d'écoute.

L'écoute empathique silencieuse d'une part et **l'écoute active** d'autre part. Par définition, « écouter » signifie que l'on prête l'oreille avec attention à quelque chose. J'irais plus loin que cela. L'écoute c'est aussi (et surtout) tenter d'opérer une distinction entre un comportement et un ressenti. L'enfant a besoin de se sentir compris dans ses émotions[74].

L'écoute silencieuse consiste tout simplement à se taire, à laisser un temps suffisamment long à l'autre pour s'exprimer, sans l'interrompre. On envoie à l'enfant un message simple: « Je suis là, je prends le temps, car le message que tu as à me donner est important, et tu es important. » Le jeune enfant a véritablement besoin de cette écoute, lui qui ne maîtrise pas encore toutes ses capacités langagières.

Et l'écoute active? Elle consiste à utiliser le questionnement et la reformulation afin de s'assurer que l'on a compris au mieux le message de l'enfant et de le lui signifier. Il s'agit soit de reformuler ce que dit l'enfant, soit de mettre des mots sur ce que l'on pense qu'il ressent. Avec la pratique de l'écoute active, on reste centré sur le problème de l'enfant, on l'aide à mettre des mots sur ses perceptions et ses besoins : on l'accompagne dans sa recherche personnelle de solutions.

Écouter vraiment

L'enfant a besoin de quelqu'un qui l'écoute. Vraiment. Ne pas regarder son portable ni la télévision quand l'enfant parle, éviter de s'occuper de nos affaires courantes, n'est pas suffisant. Alors, bien écouter son enfant, c'est quoi ? me demanderez-vous. Je vous répondrai qu'écouter n'est pas entendre. **Écouter c'est faire preuve d'empathie, dans le respect de l'autre, sans émettre de jugement.** Cela demande de l'entraînement. Et des loupés, j'en ai connus... même encore aujourd'hui. Il m'arrive fréquemment par exemple de commencer à proposer une analyse ou une solution avant même que mon enfant ait fini de parler. Or ce n'est pas ce qu'il attend de moi. Simplement, il désire que je comprenne ce qu'il ressent et ce dont il a besoin.

Conseiller, menacer, critiquer, atténuer, questionner, distraire, psychanalyser... sont autant de pièges dans lesquels il nous est facile de tomber quand l'enfant s'adresse à nous. Marshall Rosenberg [75] et Thomas Gordon [76] ont montré en quoi consiste l'écoute empathique et bienveillante. Cela implique de chercher à comprendre au-delà des mots prononcés par l'enfant : Quel(s) sentiment(s) ressent-il ? Quel(s) besoin(s) tente-t-il d'exprimer ? La réponse adéquate est d'interroger l'enfant afin de lui faire confirmer que l'on a bien compris ses sentiments. Et ce n'est qu'après qu'il peut demander de l'aide. Écouter l'épanchement émotionnel de l'enfant c'est par exemple lui répondre : « Oh ! Tu me parais fâché », ou encore : « J'ai l'impression que tu es contrarié que Léa ne te prête pas ce jouet. »

Connaissez-vous l'image de l'iceberg ? Avec ses parties émergée et immergée. La partie immergée, c'est 80 % des savoirs de l'enfant, ceux appelés « informels », c'est-à-dire qu'il acquiert par imitation ou directement en situation d'expérimentation. L'imitation… voici la clé ! Ainsi, lorsque je prends le temps d'écouter mon enfant, d'accueillir sa peine, d'accompagner sa joie, je lui renvoie comme signal le fait qu'il compte pour moi. Cela contribue à faire grandir sa confiance. Écouter un enfant, c'est aussi lui enseigner à s'écouter lui-même.

« C'est en forgeant que l'on devient forgeron », dit l'adage. **L'enfant se doit d'être encouragé à relever des défis, parfois avec notre aide, puis, de plus en plus souvent, seul.** Au fur et à mesure, la confiance croît en même temps que la capacité à gérer les événements. Face à une difficulté, il est important de ne pas avancer les solutions ficelées et immédiates à un enfant. Mieux vaut l'encourager à porter la responsabilité de la résolution du problème. Ainsi, il est tentant de lui prodiguer quelques conseils ; toutefois il est préférable de résister à cette tentation.

Outil 25

À l'écoute

Communication - Dès 3 ans

Pour communiquer avec son enfant,
se recentrer sur l'essentiel.

- Poser ces questions directement à son enfant peut amener des jolies pistes d'ouverture au dialogue, au bonheur :

  «*Si tu devais changer quelque chose dans ta vie, ce serait quoi ?*»

  «*À quel(s) moment(s) est-ce que tu t'aimes ?*»

  «*Peux-tu me citer un événement que tu as vécu pendant lequel tu t'es senti en confiance et valorisé ?*»

  «*À l'inverse, y-a-t-il un moment durant lequel tu t'es senti dévalorisé ?*»

  «*As-tu des conseils à me donner pour que je sois un meilleur parent/éducateur ?*»

  « *Cite quelque chose que tu sais faire en ayant pleinement confiance.* »

  « *Quel est le lieu où tu te sens pleinement en confiance ?*»

  « *Qu'est-ce que tu ne parviens pas à faire avec confiance ?*»

  « *Quelle est la chose que tu souhaiterais faire avec une plus grande confiance ?*»

« Prends du temps chaque jour pour t'asseoir tranquillement et écouter. »
Bouddha

L'ESSENTIEL À RETENIR

- Nous sommes programmés pour analyser et interpréter les différents signaux envoyés par l'enfant («proto-conversation», pleurs...).
- Communiquer avec l'enfant avec un vocabulaire varié et précis l'aide à intégrer un lexique riche et lui donne confiance.
- L'empathie, la douceur, l'accompagnement sont les pierres angulaires de la confiance. L'enfant a besoin de comprendre le monde qui l'entoure afin d'interagir et d'agir en pleines conscience et confiance.
- Les violences éducatives ordinaires (physiques, psychologiques) détruisent la confiance en soi.
- Un enfant qui subit des paroles assassines ne se sent plus estimable, capable d'agir ou digne d'amour. Elles agissent parfois comme des prophéties.
- Attention aux étiquettes (positives comme négatives!) car l'enfant a tendance à coller invariablement aux projections que l'on fait sur lui.
- Croire dans les potentiels de son enfant, et lui dire... est sans équivoque l'un des plus forts stimulants de la confiance en soi.
- L'écoute empathique et bienveillante est nécessaire pour communiquer sereinement.

4

AIDER

Encourager son enfant à mettre en valeur son potentiel

1. OSER L'AUTONOMIE

Faire seul

Cultiver la confiance en soi passe par l'apprentissage de l'autonomie. En effet, l'enfant n'a confiance que s'il a la conviction qu'il est capable de faire des choses seul… et si possible, en les réalisant correctement. Expérimenter, échouer, recommencer, réussir en partie, réessayer, atteindre son but… telles sont les étapes de l'apprentissage. Apprendre et être autonome demande du temps, beaucoup de temps… Amusez-vous à remonter le temps. Vous souvenez-vous des séquences d'apprentissage consacrées au laçage de vos chaussures ? Faire à la place de l'enfant, c'est lui confisquer tout pouvoir sur sa vie et sur lui-même : il n'est alors plus maître de lui-même. « L'enfant se sent puissant s'il est l'auteur de ses propres expériences. Si nous le "secourons" de circonstances que nous estimons être des "échecs", alors nous lui dérobons son pouvoir, celui qui lui appartient en propre. Laissez-lui la voie libre pour qu'il puisse cultiver son propre jardin. Il faudra qu'il s'y reprenne à plusieurs fois avant d'obtenir ce qu'il veut, mais c'est ainsi qu'il acquerra plus d'assurance et de confiance en son pouvoir. La force ne découle pas de réussites systématiques, mais de l'aptitude à tolérer l'échec et à tourner la page, encore et encore », écrit Naomi Aldort [79]. Essayons de garder en tête un principe de base : **évitons d'aider**

spontanément l'enfant et attendons qu'il nous sollicite. C'est loin d'être facile… Je suis souvent tentée de procéder moi-même à l'habillage afin de gagner quelques minutes dans la course folle de la préparation du matin.

« L'enfant nous demande de l'aider à agir tout seul. »
Maria Montessori

De même, l'autonomie suppose que l'enfant soit exercé à faire des choix. En effet, dès son plus jeune âge, cela lui permet d'être pleinement acteur de ce qu'il fait, de ce qu'il vit. À l'âge adulte, il lui sera ainsi plus aisé de prendre des décisions complexes. « Quel dessert veux-tu ce soir ? » ou « Quelle histoire veux-tu lire avant de te coucher ? » sont bel et bien des questions simples qui imposent un choix et impliquent directement l'enfant.

Les pédagogies actives, l'exemple de Montessori

Les pédagogies actives ou alternatives sont à la mode. On résume très souvent la pensée de Maria Montessori par la fameuse phrase : « **Apprends-moi à faire seul.** » L'un des principaux objectifs de cette pédagogie est de développer la confiance de l'enfant. Pour cela, Maria Montessori préconisait la mise en place d'un environnement préparé et adapté aux besoins de l'enfant. Dans ce cadre, il est important de laisser l'enfant faire seul afin qu'il développe son sens de l'autonomie. Nous l'avons vu, faire à la place de l'enfant entretient un climat de dépendance et d'insécurité. Bien entendu, comprenons faire seul mais toujours en fonction de l'âge et des acquis de l'enfant. Guider l'enfant vers l'autonomie est une philosophie au quotidien. Cela prend du temps et nous demande souvent de savoir lâcher prise.

Mais aller vers toujours plus d'autonomie (sommeil, habillage, toilette…) ne doit pas nous empêcher d'exercer notre esprit critique. En effet, l'apprentissage de l'autonomie est devenu un véritable dogme. Attention à bien interpréter les choses. Il s'agit de toujours bien adapter les tentatives d'autonomie au développement de l'enfant, à son âge. N'allez pas, sous couvert d'autonomie, demander à un nouveau-né de faire ses nuits ou à un enfant de deux ans de jouer tout seul ! Il s'agit de toujours respecter le rythme de votre enfant et avec beaucoup de patience, d'observer ses progrès au quotidien.

La vérité, rien que la vérité

On entend très souvent dire que les enfants sont de véritables éponges. Ils sentent, ressentent et absorbent tout. L'enfant est prêt à entendre et à comprendre beaucoup de choses, y compris les plus douloureuses. Avec un vocabulaire adapté, cela va de soi. Ainsi, pour évoquer la mort, j'explique à mes enfants que la vie est terminée, que le cœur s'est arrêté. J'évite les expressions du type

« il/elle est parti(e) » ou « il/elle dort pour toujours » qui peuvent être générateurs d'angoisse. De même, l'évocation de la peine et de la douleur n'est pas tue. Quand mes enfants me demandent quand je vais mourir, je ne mens pas.

Laisser un enfant gagner en autonomie est sans aucun doute l'un des plus sûrs moyens de le protéger. Leur confiance croît en fonction de toutes les expériences réussies qu'ils font. **Grandir en sécurité et en confiance, c'est aussi s'accomplir dans un monde de vérité et de compréhension.**

Outil 26

Les ateliers Montessori

Communication - Dès 2 ans

Pour que l'enfant soit capable de faire lui-même.

► Faisant suite aux activités de vie pratique viennent les activités liées au soin de l'environnement afin de s'occuper du lieu de vie. Puis les activités liées au soin de la personne sont abordées (s'habiller, se laver les mains…).

► Quelques exemples d'activités[80]:

- *transvaser d'un récipient à un autre. La taille du contenant est adaptée à l'âge (saladier, bol, verre, verre à shot…), ainsi que celle du contenu (balles de ping-pong, pâtes, graines…);*
- *se servir à boire: sur un plateau, laisser à portée une petite carafe avec un verre (en verre!);*
- *couper des aliments avec son couteau (sous surveillance!);*
- *mettre la table (on peut utiliser un set de table autocorrectif);*
- *semer des graines;*
- *s'habiller et se déshabiller seul.*

« N 'aidez jamais un enfant dans une tâche qu'il pense être incapable d'accomplir. »
Maria Montessori

2. JOUER

Depuis 2013[81], la parentalité ludique connaît de plus en plus d'adeptes. Il s'agit d'utiliser le langage très riche du jeu pour communiquer, renforcer les liens d'attachement, neutraliser les conflits…

> *« Jouer, jouer et jouer. Jouer pour nourrir le réservoir d'attachement de l'enfant, jouer pour l'aider à construire sa confiance en sa personne propre, jouer pour lui donner de la liberté, jouer pour l'écouter, jouer pour l'aider à dépasser les moments difficiles de sa vie, jouer pour partager du plaisir et du bonheur. »*
>
> Isabelle Filliozat

Que fait un enfant ? Il joue et est porté par une immense vague d'enthousiasme, il découvre et apprend par le jeu.

Le jeu a de multiples vertus.

- **Expérimentations, essais et erreurs.** J'empile les cubes, je détruis, je recommence.
- **Attachement.** En jouant, le réservoir d'amour se remplit. Isabelle Filliozat assure que consacrer cinq à dix minutes par jour au jeu permet de réduire les disputes d'au moins deux tiers. « S'il y a bien une chose que les parents ont intérêt à apprendre, c'est à jouer », écrit Lawrence Cohen. Comme toujours, je nuancerais tout de même en notant que le moment doit être partagé, sincère. Mes enfants savent que l'on peut passer un

temps infini à jouer ensemble, tant qu'ils ne me demandent pas de jouer avec des engins roulants. Je déteste jouer aux petites voitures ou au train. Ils savent qu'on peut construire le circuit ensemble, faire un concours de grimaces, une bataille de coussins… mais pas ça !

- **Catharsis ou guérison.** Lorsque mon fils était en petite section de maternelle, il a vécu le premier exercice d'alerte incendie comme un vrai traumatisme (sonnerie tonitruante, agitation). Le soir venu, nous avons rejoué la scène une bonne quinzaine de fois à l'aide de petites figurines et sur fond sonore d'alarme trouvé sur Internet.
- **Sensation de prise de pouvoir.** Ainsi, en rentrant de l'école, si l'enseignant est jugé sévère, on peut proposer à l'enfant de se mettre dans sa peau. L'enfant peut alors « se venger » sur l'élève turbulent, dont le rôle est tenu par son parent.

D'autre part, les jeux qui engagent un contact physique (bataille de coussins…) favorisent la confiance en soi. Ainsi, peut-on parfois équilibrer la lutte en laissant l'enfant prendre le dessus lors d'une bataille de polochons.

- **Évitement de situation conflictuelle.** Vous avez vu passer le kangourou dans le couloir ? En initiant un jeu (j'imite la démarche et le sautillement de l'animal), c'est moi qui invite ma fille à rejoindre sa chambre pour le déshabillage du soir. Si je l'enjoins à le faire et qu'elle répond par la négative, la situation peut tourner au conflit. Assumer le rôle de parent sur un mode ludique nous permet d'entrer dans le monde de l'enfant, sans le brusquer. Un adulte qui exagère, en rajoute, fait le clown… fera rire un enfant à tous les coups ou presque. Changer sa voix, chanter, faire parler une peluche. N'oubliez pas : le rire rapproche.

- **Porte d'entrée sur la vie intérieure de l'enfant.** L'enfant qui interpelle un parent d'un « Regarde le château que j'ai construit » n'attend pas un « C'est bien, tu es fort » (jugement). Il s'agit en fait d'une invitation à vivre un moment d'échange et de confiance : « Raconte-moi ! Combien de cubes as-tu empilés ? Comment as-tu fait ? Tu aimerais être quel personnage ? »

« Le jeu est pour l'enfant la manière la plus directe de se connecter à la vie de tous les jours, à lui-même et au monde. Pour l'enfant, le jeu libre est une nécessité. Une prédisposition, un penchant, souvent un impératif. Il est, pour l'enfant, un accomplissement profond. »

André Stern [82]

La musique et la danse sont de magnifiques vecteurs de bonne humeur. Tourner, danser, sauter : voilà qui amuse tout en défoulant, voilà aussi qui rapproche et renforce les liens.

Le jeu est un langage universel, d'une richesse infinie.

Outil 27

Fort comme un dinosaure

Corps / Mime - Dès 3 ans

Pour se sentir à l'aise dans son corps et s'exprimer.

- Demander à l'enfant de penser à une figure qui incarne la force. Un dinosaure ? Un gorille ? Un super-héros de dessin animé ou de littérature jeunesse ?

- Ensuite, inviter l'enfant à imaginer qu'il est ce personnage fort, respecté de tous. Lui dire qu'il est très puissant et l'enjoindre à l'imiter. Ainsi, s'il se sent gorille, il peut jouer des poings, bomber le torse, taper des pieds en rythme. Cris et grognements ne sont pas exclus ! On peut faire cet exercice sur une musique rythmée.

- Cet exercice de mime se fait pendant quelques minutes. À la fin, revenir à un instant de calme, les bras le long du corps, en se concentrant sur sa respiration. Suggérer à l'enfant qu'il garde la force et la puissance du personnage imité en lui, dans son corps.

« Si vous pouvez le rêver vous pouvez le faire. »
Walt Disney

3. CRÉER

L'art, pour l'enfant, c'est la découverte d'une incroyable liberté d'action, l'apprentissage d'un langage qui va lui permettre d'exprimer – consciemment ou inconsciemment – son ressenti.

Quand mon fils aîné est en colère, il est très fréquent qu'il demande à peindre. C'est son mode de fonctionnement. Un autre enfant préférerait peut-être le découpage et le collage (symbolique de la transformation des petits bouts découpés pour reconstruire sur de nouvelles bases). On pourrait également citer le modelage qui consiste au fond en une relaxation par le doux mouvement des mains sur la pâte à modeler ou sur l'argile.

Outil 28

Art-thérapie

Art - Dès 1 an

Pour varier les invitations créatives.

▶ Proposer des activités nouvelles enrichit la gamme des savoir-faire de l'enfant ; cela lui permet aussi de ne pas se focaliser sur ses blocages. Mais il s'agit toujours d'avancer à son rythme, en tenant compte de ses acquis, de ses peurs et de ses envies.

▶ Proposer à l'enfant du matériel en libre accès, sans indication ni remarques préalables :

- *dessin (crayons graphites, crayons de couleurs, fusains, sanguines, crayons aquarellables, feutres, pastels, craies à la cire, encre…) ;*
- *peinture (gouache, huile, acrylique, pigments, spray…) ;*
- *collage (papier, carton, bois, coquilles d'œufs, fleurs, herbes…) ;*
- *modelage (argile, pâte à modeler, pâte à slim, moon sand…) ;*
- *photographie.*

▶ Les supports peuvent être également variés (types de papiers, tissu…).

« Dans chaque enfant il y a un artiste. Le problème est de savoir comment rester un artiste en grandissant. »

Pablo Picasso

Utiliser l'art comme moyen d'expression c'est permettre à l'enfant d'accéder à sa propre liberté. Lui proposer du matériel et le laisser faire, cela lui permet de s'exprimer pleinement, en évitant tout jugement, interprétation ou évaluation. Par exemple, il existe des ateliers de peinture dans lesquels aucun jugement, positif comme négatif, n'est émis. L'enfant est ainsi mis en confiance.

Lorsque notre enfant nous présente un dessin, généralement, nous émettons un jugement (« C'est beau ! »). Au fond, nous ne l'invitons pas à un véritable échange et ne pérennisons pas le lien qui nous unit à lui. Juger marque davantage la fin que le début d'une conversation... Comment s'y prendre alors ? L'essentiel est de décrire plutôt que de juger (*cf.* outil 29). On peut poser des questions mais ciblées sur les émotions de l'enfant et non sur l'œuvre en elle-même. J'insiste sur ce point. Chercher à obtenir de plus amples explications sur sa production (savoir quel objet il a représenté par exemple) peut blesser l'enfant. Pour lui en effet, sa représentation est parfaitement claire et pourtant, nous ne l'avons pas comprise... Quelle déception pour lui, quel sentiment d'échec... L'enfant risque alors de perdre confiance en ses capacités créatrices.

Outil 29

Lire une œuvre d'art

Communication - Dès 1 an

Pour parler des créations des enfants sans altérer leur confiance.

► Jean Van't Hul[83] propose deux voies:

1. La description de l'œuvre par l'adulte.
Parler de ce que l'on voit, décrire autant l'œuvre finale que le processus de sa création. Généralement, l'enfant préfère que l'on s'attarde sur ce dernier point. « Je vois des grands traits rouges », « Je vois des nuances de bleu en haut », « Tu as fait de grands gestes », « Je vois que tu as mis de la peinture jaune, puis de la peinture verte, ça fait du bleu », « Tu dessines couché »...

2. La divagation de l'enfant sur son œuvre.
Pour faire simple, on demande à l'enfant: « Raconte-moi ton œuvre. » L'enfant est ainsi libre de nous raconter ce qu'il veut. Ce qui est intéressant c'est que la qualification d'un objet ne sera pas la même selon le moment. Il est arrivé à mon fils de me dire « Là j'ai fait un soleil », et cinq minutes plus tard de me dire que c'est une famille escargot partie à la recherche de la maman…

« La créativité, c'est inventer, expérimenter, grandir, prendre des risques, transgresser des règles, faire des erreurs et s'amuser. »

Mary Lou Cook [84]

4. PASSER DU TEMPS ENSEMBLE

Un temps pour se reconnecter

Pensez-vous que l'on puisse avoir confiance en soi et croire que l'on est important si notre compagnie n'intéresse pas les gens que l'on aime le plus ? Rassurez-vous, je vais éviter le discours moralisateur. Je sais très bien combien les rythmes professionnels et familiaux peuvent être fatigants. Sachez simplement qu'au quotidien, de petits actes peuvent faire ressentir à l'autre qu'il a de l'importance pour nous. Selon nos moyens et nos possibilités, il est important d'accorder de la place à son enfant et de nourrir la relation qui nous unit à lui, comme on soignerait un petit jardin.

Au quotidien, Isabelle Filliozat recommande un temps de dix minutes. Cela paraît peu mais cela est pourtant suffisant pour recharger le réservoir d'amour… et surtout il y a certains jours où trouver ne serait-ce que dix minutes peut être difficile, selon les heures de travail des uns et des autres. Mais dix minutes pour quoi faire ? me demanderez-vous. Jouer, lire un livre, faire une bataille d'eau ou de polochons, empiler des cubes… Assis, debout, par terre, à quatre pattes… L'important est de trouver une occupation qui plaise à tous. Chez nous, ce sont dix minutes consacrées aux activités culinaires. Exclusives, en pleine conscience, elles nous déconnectent de notre rythme trépidant et nous reconnectent à nos enfants. En somme, dix minutes pour renforcer les liens familiaux. Le bénéfice et le bonheur tirés de ces instants tiennent au fait de les vivre pleinement au présent. Si je lis une histoire à mon enfant tout en songeant à ce que nous allons déguster au dîner il y a fort à parier que je nous prive tous deux d'une joie profonde. Mon cerveau ne fait jamais de pause… et je sais à quel point il est difficile de ne pas se laisser détourner du plaisir de l'instant.

Je souhaite attirer votre attention sur la manière de s'adresser à l'enfant pour l'inviter à ce moment partagé. Selon moi, il y a une nuance entre «Tu veux qu'on joue au jeu aimanté?» et «J'ai envie de lire un livre avec toi si tu es d'accord». La première est une proposition. La seconde formulation permet de montrer à l'enfant que son parent a réellement envie de passer un temps avec lui et qu'il est estimable. Se rendre compte que l'autre désire notre compagnie fait du bien au cœur, alors que penser que notre compagnie laisse indifférent peut blesser intérieurement et entacher la confiance en soi.

«J'aime ta compagnie.»

«Je veux passer un moment avec toi.»

«J'ai envie de jouer avec toi.»

S'intéresser à l'enfant comme un tout

J'ai remarqué qu'il m'arrivait souvent d'engager la conversation avec mon enfant sur ses actions (ce qu'il a fait ou pas fait) et beaucoup moins sur ses pensées, sentiments et envies. En agissant ainsi, je renvoie l'image de quelqu'un de particulièrement intéressée par les réalisations concrètes et extérieures… Qu'en est-il de ma perception du for intérieur de mon enfant ? Les enfants encouragés à répondre aux questions centrées sur le « faire » et l'« avoir » sont plus prompts à montrer leur réussite par des possessions matérielles… sans avoir vraiment développer la confiance dans leur valeur intrinsèque. Je pense qu'il est important qu'un enfant prenne pleinement conscience de ce qu'il est et de sa valeur. Comment l'amener à cela ? En toute simplicité, on le questionne sur ses pensées, ses sentiments. Ainsi, quand un élève me dit : « Madame, j'ai eu 20 à mon évaluation d'anglais », j'évite de lui répondre « Super ! C'est bien ! » mais plutôt « Bravo ! Qu'est-ce que ça fait d'avoir réussi ? »

« Je ne sais pas… » est l'expression qui arrive en tête du hit-parade des phrases les plus prononcées le soir au moment de l'interrogatoire de routine de l'après-école. « Qu'as-tu mangé à la cantine ? », « Tu as joué avec qui ? » sont autant de questions qui font chou blanc. Pourquoi ne pas s'essayer à des formulations différentes, basées sur le ressenti de l'enfant, sur ses rêves, ses émotions ? « Si tu étais un super-héros à l'école, tu serais qui ? », « Que vois-tu et que ressens-tu quand tu es en haut du toboggan de la cour de récréation ? » Bien souvent, il suffit juste que le parent parle de lui, de sa journée, de ses émotions à lui, afin d'engager la conversation. C'est lorsque je commence par raconter ma journée, étape par étape, que mon enfant s'empresse de me conter la sienne.

Outil 30

Place au concours de grimaces !

Corps - Dès 2 ans

Pour évacuer le stress et entretenir la complicité.

- La séance débute par un automassage. Inviter l'enfant à se masser le front, en faisant des petits cercles avec les index. Puis, descendre sur les tempes, les joues et le menton. Suivre la ligne du nez linéairement et passer sur les sourcils. Étirer les lobes des oreilles. C'est bon, tout le monde est opérationnel !

- Place aux grimaces ! On peut imaginer plusieurs configurations :
  - *l'adulte et l'enfant sont face à face. L'un fait une grimace, l'autre l'imite ;*
  - *tous deux se placent face à un miroir et font une grimace puis désignent celle qui est la plus drôle ;*
  - *si l'on est plus de deux, on peut organiser un concours avec une tierce personne désignant le grand gagnant ;*
  - *on peut donner un thème (animaux, personnages réels, personnages imaginaires...).*

- Les muscles du visage se détendent et on enchaîne ainsi sur un peu de rigolothérapie.

« La phrase la plus excitante à entendre en sciences, celle qui annonce une nouvelle découverte, n'est pas Eurêka ! mais C'est marrant ! »

Isaac Asimov [85]

L'ESSENTIEL À RETENIR

- Faire à la place de l'enfant entretient un climat de dépendance et d'insécurité… contraire au développement de la confiance. Il est nécessaire de le guider vers l'autonomie en adaptant notre aide et nos demandes à son âge.
- Laisser un enfant gagner en autonomie est sans aucun doute l'un des plus sûrs moyens de le protéger. Sécurité et confiance riment avec vérité et compréhension.
- Le jeu est un langage universel et varié qui permet d'entretenir le lien parent/enfant. Les bénéfices sont multiples et précieux: expérimentations (essais et erreurs), renforcement de l'attachement, effet de catharsis ou de guérison, affirmation de soi, neutralisation des situations conflictuelles, ouverture à la vie intérieure de l'enfant.
- Utiliser l'art comme moyen d'expression, c'est laisser l'enfant libre, lui permettre de s'exprimer pleinement, en évitant le jugement, l'interprétation ou l'évaluation. C'est une ouverture sur son intimité.
- Au quotidien, il est recommandé de passer un temps exclusif d'une dizaine de minutes avec son enfant. On se déconnecte alors de notre rythme effréné pour se reconnecter à notre enfant, renforcer les liens familiaux.
- Privilégier le ressenti de l'enfant, ses sensations, ses émotions (son «être»), plutôt que ses réalisations («le faire») pour lui faire prendre conscience de sa valeur intrinsèque.

5

Qu'en est-il à l'école ?

1. L'ÉCOLE, UN LIEU DE RENFORCEMENT OU DE DESTRUCTION DE LA CONFIANCE

« L'école devrait re-connaître l'élève dans sa totalité, j'entends par là dans son corps, son esprit et ses émotions. C'est ce que l'on appelle une vision globale de l'élève. »

Maria Basque [86]

Le poids du passé

Il n'y a pas si longtemps, l'école était synonyme de conformité, de contrôle de soi, de primauté donnée au groupe. Il s'agissait de suivre des règles (souvent) discutables, de mémoriser des connaissances imposées de la même façon pour tous. Obéissance et autorité étaient les maîtres mots… au détriment de toute considération sur la notion de confiance. L'école est longtemps restée un lieu où tous les enfants devaient apprendre les mêmes choses, au même moment, sans faire cas de leurs rythmes personnels, de leur identité, de leur histoire. Fort heureusement, on encourage de plus en plus la pensée indépendante, fondée sur les notions d'autonomie, d'esprit critique et d'empathie. Même si le poids du passé se fait encore bien sentir…

Réussite scolaire et confiance sont intrinsèquement liées. Des études le prouvent. L'enfant qui a confiance apprend mieux et plus vite. Se lancer dans l'apprentissage en toute confiance, c'est toujours plus simple!

À l'inverse, l'enfant qui manque de confiance va avoir tendance à entretenir une image dépréciative de lui-même, ne se sentant pas au niveau, s'interrogeant sur ses capacités. Il risque alors d'entrer dans le cercle vicieux de l'échec. Celui qui doute de son potentiel trouvera toujours l'action d'apprendre très difficile.

« Les élèves ne sont pas des plantes que l'on arrose en attendant les fleurs de printemps. »
Pascale Toscani [85]

Outil 31

Le point karaté

EFT/Digitopuncture - Dès 6 ans

Pour faire circuler l'énergie
et focaliser son esprit sur le positif.

- Choisir une phrase correspondant au souhait de l'enfant, tournée vers la résolution du problème *(exemple : « Malgré mon stress lié à mon évaluation, je m'aime et je me fais confiance »).*

- Tapoter le point karaté (le tranchant de la main, entre l'auriculaire et le poignet) avec le bout des doigts de l'autre main collés, en répétant la phrase trois fois.

« Ne laissez pas les mots penser à votre place.
Ayez une parole habitée. »
Jiddu Krishnamurti [88]

Développer la confiance dans la classe

En 1968, dans *Pédagogie des opprimés,* le grand pédagogue brésilien Paulo Freire (1921-1997) dénonce l'approche traditionnelle des systèmes scolaires qui envisagent l'apprenant comme une « page blanche » en attente d'écriture. Pascale Toscani, dans son ouvrage *Les neurosciences dans la classe,* le rejoint parfaitement sur ce point, et avec elle, de plus en plus d'enseignants. Ces derniers, en toute authenticité, croient au potentiel libérateur de l'éducation et œuvrent en ce sens. Il me paraît nécessaire de respecter la personne même de l'élève, ses émotions, ses besoins et ses envies. Respecter la dignité de l'enfant est un engagement fondamental pour créer les conditions propices à l'enseignement des apprentissages.

Comment l'école peut-elle contribuer à la construction de la confiance? Listons ici quelques notions incontournables.

Faire évoluer l'enfant dans un climat de sécurité tant physique qu'émotionnelle. **Il s'agit de respecter l'enfant,** de ne pas l'humilier et d'accepter ses émotions, ses opinions.

Prendre en compte l'individualité. Chaque enfant a un potentiel, des richesses qui lui sont propres et des compétences sur lesquelles on doit s'appuyer. Il est important qu'il connaisse ses forces comme ses faiblesses. La pédagogie différenciée permet à l'enfant de faire cette analyse.

Malheureusement, avec une trentaine d'élèves par classe, ce n'est pas toujours simple…

Outil 32

Dans notre classe on dit

École - Dès 6 ans

Pour permettre aux élèves de lire des phrases positives.

▶ On peut imaginer un panneau ou certaines phrases affichées par-ci par-là.

- *« Les erreurs font partie de l'apprentissage. »*
- *« Je suis sur la bonne piste. »*
- *« Apprendre prend du temps. »*
- *« J'utilise d'autres stratégies au lieu de baisser les bras. »*
- *« Mes efforts et mon attitude sont plus importants que mes capacités. »*
- *« Je peux toujours m'améliorer. »*
- *« Je préfère dire «Quand j'y arriverai» plutôt que «Si j'y arrive». »*

« Tu t'es trompé, c'est fantastique ! Qu'apprends-tu de cette erreur ? »

Jane Nelsen [89]

Favoriser les sentiments de responsabilité et d'appartenance. Quand on passe vingt à trente heures par semaine au sein d'un établissement scolaire, il est préférable de s'y sentir bien, d'y nouer des relations de qualité, d'y poursuivre des objectifs motivants et adaptés.

(Re)considérer l'erreur. Les enquêtes PISA [90] montrent que les élèves français sont plus stressés que la plupart des élèves des autres pays. En effet, la peur de l'erreur fait d'eux les champions de la « non-réponse ». Quand j'ouvre un dictionnaire, je lis que l'erreur est « l'acte de se tromper ». Se tromper n'est pas une fin en soi, c'est un tremplin, une voie différente. Sans sacraliser l'erreur, il s'agit de lui redonner sa place dans les apprentissages ; l'enfant (comme l'adulte !) apprend de ses erreurs.

Ajuster la temporalité. La lourdeur des programmes, les différences de niveaux et de rythmes entre les élèves font que certains abandonnent en cours de route, laissés au bord du chemin. Mais imaginons un trajet Paris-Bordeaux. Certains élèves vont prendre l'autoroute… d'autres, pour arriver à la même destination, vont emprunter la nationale. Le trajet sera certes plus long mais l'objectif sera atteint.

Adopter une démarche non conformiste favorisant l'action. Pendant longtemps, les cours préparés par les enseignants ne laissaient aucune place à l'élève en tant qu'acteur principal dans le processus d'acquisition des savoirs. Aujourd'hui, les programmes changent et les façons d'enseigner aussi. Le savoir prédigéré vit ses derniers moments. Aujourd'hui, on privilégie la stimulation par la recherche et la démarche a plus de valeur et d'intérêt que l'objectif en lui-même. Afin d'encourager le développement de la pensée personnelle et de l'esprit critique, j'ai par exemple mis en place des «ateliers philo» au sein de mon établissement (*cf.* zoom).

Utiliser la méthode des petits pas ou méthode «Kaizen». Fixer des objectifs atteignables dans un délai confortable, segmenter l'enseignement en séquences (petites étapes, petits «pas») permet à l'enseignant d'atteindre le but qu'il s'est défini.

Pour la détermination des objectifs, connaissez-vous la technique du SMART (moyen mnémotechnique)? Pour avoir les meilleures chances d'être atteint, un objectif doit être: Spécifique, Mesurable, Accessible (réalisable), Réaliste, Temporellement défini.

«Même un voyage de mille kilomètres commence par un premier pas.»
Lao-Tseu

Épingler les «neuromythes» une bonne fois pour toutes. Les dernières recherches en neurosciences – en particulier celles sur la plasticité cérébrale[91] – montrent qu'à tout âge on peut établir des connexions neuronales et les développer. Expliquer aux élèves que rien n'est figé et que le champ des possibles reste ouvert peut leur donner un souffle nouveau. Et je pense, en ce qui concerne les apprentissages, que tout enseignant devrait avoir acquis un socle minimal de connaissance sur le fonctionnement du cerveau de l'enfant.

Entretenir la motivation. L'enfant doit se faire plaisir ! Motivation et confiance. Motivation et confiance sont intimement liées. « Plus l'enfant a confiance en lui, plus il va être motivé. Plus il va être motivé, plus il va s'impliquer dans son travail. Plus il s'implique, mieux il réussit et aura plus confiance en lui. C'est ce que nous appelons le cercle vertueux de la réussite », écrivent Audrey Akoun et Isabelle Pailleau[92].

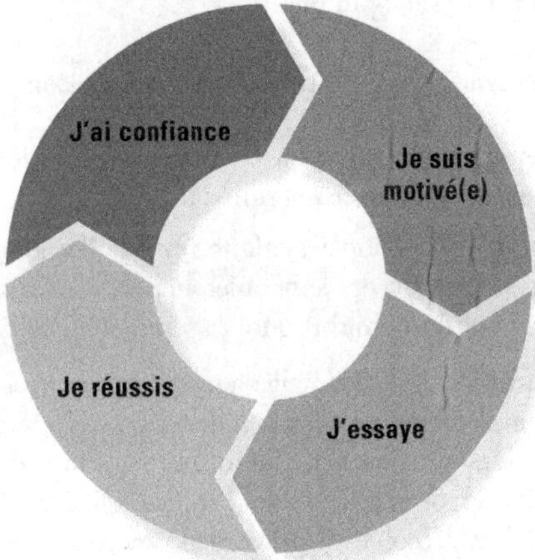

Cercle vertueux de la réussite

En évoquant cette notion de motivation, gardons en tête que l'enfant cherche aussi très souvent à faire plaisir à l'adulte. Essayons de l'encourager à une motivation intérieure et non extérieure à lui.

Zoom sur la philo à l'école

Pour faire confiance à l'enfant dans sa capacité à penser par lui-même.
Philosopher à l'école (maternelle, primaire, collège, lycée) permet de mettre en valeur les intelligences émotionnelle et relationnelle des enfants, leur esprit critique et leur responsabilité citoyenne. La configuration en ateliers de groupe permet à l'enfant d'apprendre à écouter les autres, à dialoguer, à argumenter.
Peur, interdits, amour, bonheur, amitié, violence, différences, mort sont autant de sujets abordés.
L'adulte écoute avec bienveillance. Selon la méthode utilisée, il peut reformuler et/ou recadrer le débat, mais sans jamais donner son opinion.

Frédéric Lenoir[93] a élaboré dix recommandations.

1. **Aménager** un espace qui favorise la discussion entre les enfants ; en cercle notamment.
2. **Demander** l'opinion des enfants sur la philosophie. Leur poser la question dès le premier atelier : « Savez-vous ce qu'est la philosophie ? À quoi ça sert ? »
3. **Énoncer** les règles de l'atelier aux enfants : ce n'est pas un cours avec un maître qui sait et des élèves qui apprennent, la parole est distribuée par l'animateur, une prise de parole se doit d'apporter une pierre à l'édifice. On évite donc les répétitions. L'écoute est primordiale, les moqueries et jugements sont bannis ; si on est en désaccord avec un camarade, on le regarde et on dit : « Je ne suis pas d'accord avec toi, parce que… » On cherche à argumenter.
4. **Choisir** une entrée en matière qui favorise le débat : un texte, un mot (amour, liberté, justice), une citation, une affiche, un dessin, un extrait de film, une question.

5. **Donner** le moins possible son point de vue personnel, apporter plutôt un éclairage notionnel.

6. **S'appuyer** sur les réponses des enfants pour lancer ou relancer le débat. L'animateur peut se contenter d'un « Êtes-vous d'accord avec lui ? » afin de permettre aux autres de rebondir.

7. **Recadrer** le débat quand il se perd dans des anecdotes.

8. **Donner** la parole aux enfants qui ne parlent pas.

9. **Synthétiser** les réponses et reformuler en faisant de temps en temps un point sur ce qui vient d'être dit. Cela permet aux enfants de mémoriser ce qu'ils ont élaboré.

10. **Garder** une trace écrite des ateliers. On peut inviter les enfants à tenir un petit « cahier Philo » sur lequel ils notent, en fin de séance, pendant cinq minutes, ce qui les ont marqués, les mots appris…

Outil 33

Le bilan de ma semaine

Expression - Dès 6 ans

Pour se sentir fier de ses réussites.

- Chaque fin de semaine (imaginons donc le vendredi après-midi), demander à l'élève de noter sur une feuille un fait de la semaine écoulée dont il se sent fier. Cela peut concerner le champ scolaire comme une tout autre sphère. Cela peut tenir en un mot, en une phrase, ou en un développement plus long. Centraliser et conserver les productions écrites.

- Au bout de quelques semaines, faire le compte rendu à l'élève de la somme de toutes ses petites fiertés. Voilà qui devrait mettre en valeur de jolies facettes de ce petit individu.

« Faites que votre rêve dévore votre vie afin que la vie ne dévore pas votre rêve. »
Antoine de Saint-Exupéry

Changer de paradigme

Il est nécessaire de changer de paradigme. Pour certains élèves, les notes, les phrases, les évaluations incessantes, les passages en classe supérieure sont enclins à grignoter le peu de confiance qu'il leur reste. Soyons attentifs au vocabulaire employé et à la formulation de nos phrases. L'exemple qui suit fait clairement la distinction entre jugement et description. Le premier altère la confiance, le second aide l'enfant à mieux se connaître.

« Tu es nul en maths »	« Tu as raté ton interrogation de maths »
1. L'enfant se sent stupide et irrécupérable en mathématiques; 2. Altération de la confiance; 3. Risque d'abandon d'apprentissage, connaissance freinée.	1. L'enfant sait qu'il est nécessaire qu'il comprenne pourquoi il a raté, il ne remet pas en cause ses capacités mathématiques; 2. Confiance en soi maintenue; 3. Stimulation de recherche de nouvelles stratégies pour faire mieux, motivation.

La posture de l'adulte prend ainsi tout son sens. **Un enseignant qui encourage, valorise, donne des objectifs réalisables… mettra toutes les chances de réussite du côté de l'élève.** Depuis la publication de l'ouvrage de Rosenthal et Jacobson sur l'effet Pygmalion à l'école, on a assisté à de vifs débats sur les préjugés (inconscients) des enseignants et leur éventuelle influence sur les élèves. Les auteurs raisonnent en termes de prophétie. Une attente, qu'elle soit positive ou négative[94], concernant les capacités d'un élève peut se traduire par une modification du comportement de l'enseignant à son égard. Même si cette théorie est controversée, que risque-t-on à renoncer à attendre le pire des élèves, en provoquant le meilleur ?

Outil 34
Conte inspirant

École - Dès 6 ans

Pour comprendre le poids des mots et de l'effet Pygmalion.

▸ Voici une histoire que j'aime raconter à mes élèves; il s'agit de l'histoire de la grenouille qui était sourde.

« Une bande de grenouilles décida d'organiser une course. L'enjeu était d'être la première à arriver tout en haut d'une très grande tour.
Dès que la nouvelle de la course se répandit dans le village, des tas de grenouilles curieuses se rassemblèrent pour voir et soutenir les concurrentes.
Pleines de courage et de motivation, les candidates se placèrent sur la ligne de départ et commencèrent à grimper.
Mais très vite, les villageoises se mirent à faire des commentaires désobligeants: "Elles n'y arriveront jamais!", "Elles sont bien trop lentes!"
Au bout de quelques minutes, certaines grimpeuses se sentirent démotivées et quittèrent la course. D'autres succombèrent à la fatigue et préférèrent s'asseoir pour regarder celles qui continuaient.
Les commentaires des villageoises reprirent de plus belle: "Pour qui se prennent-elles, si c'était possible, nous l'aurions déjà fait!" dirent certaines. "On n'a jamais vu pareille sottise, les grenouilles ne sont pas faites pour grimper!" dirent d'autres.
Les petites concurrentes, malgré leur courage, commencèrent à mesurer les difficultés de leur projet. Elles quittèrent la course l'une après l'autre.

Toutes. Sauf une.

Elle grimpait lentement, sans relâche, tandis qu'autour d'elle les commentaires se faisaient de plus en plus insistants: "Descends, tu n'y arriveras jamais!", "Ce que tu es ridicule!"

Pourtant, inlassablement, la petite grenouille continua à avancer.

Après un énorme effort, elle finit par gagner le sommet. Toutes se précipitèrent autour d'elle pour savoir comment elle avait fait pour réaliser ce que personne au monde n'avait encore jamais fait. L'une d'entre elles s'approcha pour lui demander sa recette.

C'est alors qu'elle découvrit que la petite championne était sourde… »

Auteur inconnu

▸ Ce conte fait partie des histoires que les élèves aiment écouter. Avec cette parabole, on comprend qu'une parole peu encourageante, voire destructrice, est susceptible d'avoir un effet négatif. L'enseignement à en tirer est clair: **quand on prend une décision et que l'on souhaite agir, il est préférable de rester sourd aux paroles négatives des uns et des autres.** Le doute peut nous empêcher d'avancer. Les mots entendus ou lus peuvent avoir un terrible pouvoir.

« Pour réussir, nous devons d'abord croire que nous pouvons. »

Nikos Kazautzaki [95]

2. APPRENDRE AUTREMENT

Tenir compte des intelligences multiples

Solliciter les différentes formes d'intelligence permet d'accroître la confiance en soi. Cette approche respecte les individualités cognitives.

En 1983, dans son livre *Frames of Mind*[96], le psychologue américain Howard Gardner introduit la théorie des huit formes d'intelligences, ou intelligences multiples. Celle-ci suggère que chacun de nous possède plusieurs types d'intelligences, pour lesquelles nous avons naturellement une plus ou moins grande compétence. En affirmant que nous possédons tous huit intelligences, Howard Gardner rejoint les chercheurs en neurosciences et comme eux, il établit que le cerveau possède une architecture qui se construit *a minima* sur deux décennies. Et l'imagerie cérébrale nous permet d'affirmer que l'intelligence est un capital que nous développons toute notre vie, jusqu'à un niveau satisfaisant de maîtrise. Rien d'immuable donc…

« Je voudrais également développer l'idée d'une école centrée sur l'individu qui prenne au sérieux cette conception d'une intelligence multiforme.

Un tel modèle est fondé sur les découvertes qui n'existaient pas du temps de Binet, les sciences cognitives (étude de l'esprit) et les neurosciences (étude du cerveau). J'ai appelé cette approche la “théorie des intelligences multiples”. » écrit Howard Gardner. Nous possédons tous ces huit intelligences et nous pouvons les développer jusqu’à un niveau satisfaisant de maîtrise.

Les huit intelligences sont :

1. **L’intelligence corporelle-kinesthésique** qui correspond à la capacité d’utiliser son corps d’une manière fine et élaborée, de s’exprimer à travers le mouvement, d’être habile avec les objets.
2. **L’intelligence logico-mathématique** qui correspond à la capacité de raisonner, de calculer, de tenir un raisonnement logique, d’ordonner le monde, de compter. Piaget [97] l’a décrite en détails : c’est pour lui « L’intelligence ».
3. **L’intelligence musicale-rythmique** qui concerne notre sensibilité aux structures rythmiques et musicales.
4. **L’intelligence naturaliste-écologiste** qui correspond à la capacité de reconnaître et de classer, d’identifier des formes et des structures dans la nature, sous forme minérale, végétale ou animale.
5. **L’intelligence verbo-linguistique** qui concerne notre sensibilité aux structures linguistiques, quelles que soient leurs formes.
6. **L’intelligence spatiale** qui concerne la capacité à créer des images mentales et à percevoir le monde visible avec précision.
7. **L’intelligence interpersonnelle** qui concerne la capacité à entrer en relation avec les autres.
8. **L’intelligence intrapersonnelle** qui concerne la capacité à avoir une bonne connaissance de soi.

Le système scolaire actuel a tendance à privilégier les intelligences verbo-linguistique et logico-mathématique, soit seulement un quart des intelligences – du potentiel – de l'enfant ! Nous ne pouvons continuer à défendre une pédagogie si restrictive !

Un enseignant enseigne souvent en s'appuyant sur ses intelligences dominantes. En tant qu'enseignant, il est donc intéressant de commencer par s'observer soi-même afin de repérer quelles formes d'intelligences nous privilégions. L'idée n'est pas de classer les élèves en fonction des intelligences dominantes, mais plutôt d'essayer de multiplier les chemins d'apprentissage en passant par diverses formes d'intelligence. « Un élève qui ne comprend pas ce qui est expliqué n'est pas obligatoirement un élève inattentif ou limité, il est d'abord un élève qui ne privilégie pas les intelligences mises en œuvre par celui qui explique. Si l'enseignant décrit des phénomènes ou énonce une règle à des enfants qui privilégient l'intelligence visuelle/spatiale ou kinesthésique, il y a fort à parier que ces mêmes enfants n'entreront pas facilement dans les apprentissages, quel que soit l'effet de clarté et de pédagogie développé par le professeur », écrit Christian Philibert [98]. **Les intelligences multiples mettent l'accent sur les compétences :** aujourd'hui, à l'école, c'est un changement d'approche capital. Désormais, on évalue davantage les compétences (en se tournant vers l'avenir) que les performances (tournées vers le passé).

Outil 35

Et ma mémoire ?
Quel est mon profil ?

École - Dès 6 ans

Pour savoir quel est son propre type de mémoire : visuelle, auditive, kinesthésique ?

▶ Dans le but de mieux apprendre, et être efficace, il est parfois nécessaire que l'enfant connaisse son profil afin de mieux cerner sa perception et sa mémorisation. Il existe des tests (sur Internet par exemple) déterminant la façon dont nous nous représentons mentalement une information. Trois profils d'apprentissage se dégagent, balayant nos cinq sens.

1. **Le visuel** qui est sensible à ce qu'il voit. Il voit dans sa tête les images, les objets et a une certaine facilité à réaliser des puzzles ou construire des réalisations sur plan.

2. **L'auditif** qui est surtout sensible à ce qu'il entend. Il réentend sa voix et celle des autres dans sa tête. Préférant la parole à l'écriture, il est sensible aux paroles positives.

3. **Le kinesthésique** qui est sensible aux sens du toucher (mouvements du corps), odorat et goût. Il utilise énormément ses mains pour parler, toucher et a besoin de se remémorer une impression vécue pour se souvenir d'événements.

Une fois le profil déterminé, des aménagements dans l'optique d'une facilité d'apprentissage peuvent se mettre en place. Un visuel aura besoin d'images, de couleurs, de flèches et autres éléments graphiques, de schémas… Un auditif préférera réciter à voix haute, apprendre en chanson, faire des rimes et utiliser des formules mnémotechniques. Enfin, un kinesthésique aura besoin d'être en mouvement, de mettre en scène ce qu'il apprend…

Aujourd'hui nous savons que personne n'est 100 % visuel ou auditif ou autre. Les tests que vous trouvez ici et là ne sont qu'indicatifs et souvent trompeurs. En effet, les profils préférentiels peuvent changer selon les disciplines et les moments de la journée, c'est important de le garde en tête.

« Connaître les autres, c'est sagesse.
Se connaître soi-même, c'est sagesse supérieure. »
Lao Tseu

Organiser son apprentissage en fonction de sa mémoire

Mémoire visuelle :
- souligner les mots importants dans la leçon ou la fiche de révisions ;
- faire des schémas, des cartes mentales...
- visionner des vidéos.

Mémoire auditive :
- lire à voix haute la leçon, les consignes ;
- répéter à quelqu'un ce que l'on a appris de la leçon ;
- s'enregistrer en lisant la leçon puis écouter l'enregistrement plusieurs fois.

Mémoire corporelle :
- se déplacer en révisant ;
- associer des idées à des gestes / mouvements ;
- réaliser des maquettes, affiches.

Comment faire pour intégrer les intelligences multiples dans les apprentissages ?

- **S'observer soi-même.**
- **Initier les élèves aux intelligences multiples.**
- **Différencier et varier les démarches pédagogiques** en gardant toujours à l'esprit les contraintes horaires, la nécessité de respecter les programmes et l'effectif important d'une classe. Attention à ne pas vouloir catégoriser les élèves par type d'intelligence, à ne pas renvoyer les diverses intelligences dans des champs disciplinaires. Par exemple, associer uniquement l'intelligence verbo-linguistique à l'enseignement du

français est un écueil. Les intelligences multiples ne sont pas LA solution, mais seulement UNE solution possible.

La carte mentale (*cf.* outil 38) permet une individualisation et une personnalisation de l'apprentissage.

Notons que la théorie des intelligences multiples fait partie des neuromythes. Si leur bien fondé n'est pas prouvé, je trouve toutefois qu'il n'y a aucun mal à tenter de raisonner avec, afin d'élargir notre champ de vision.

« Il y a des gens qui disent qu'ils peuvent ;
d'autres qu'ils ne peuvent pas.
En général, ils ont tous raison. »
Henry Ford

Outil 36

Cercle d'appréciation (ou Circle Time)

École - Dès 6 ans

Pour s'affirmer en tant que personne dans un cadre rassurant et écouter les autres.

▶ Un groupe de personnes se positionne en cercle (interaction, collaboration, appartenance) et échange. Chacun parle à son tour ; on peut passer son tour. On ne commente pas, on ne juge pas, on ne se moque pas ; ce qui est dit reste confidentiel. On apprend à s'exprimer avec le « Je » (« Je pense que… »). Une appréciation est une déclaration simple et sincère. L'enfant est invité à exprimer ce qu'il apprécie, ce qu'il a beaucoup aimé ou qu'il aime beaucoup chez quelqu'un.

▶ Le *Circle Time* peut être très varié :

1. **le bonheur du jour :** chacun raconte son ou ses bonheurs de la journée ;
2. **discussion** sur un thème d'actualité ou un sujet de société ;
3. **le cercle de l'amitié :** un enfant se place au centre du cercle et ses camarades lui adressent une phrase positive. Cela peut tomber le jour de son anniversaire par exemple et chacun complète alors la phrase : « Je suis heureux que tu sois né(e) car… »

« La parole n'est pas seulement un son ou un symbole écrit. C'est une force ; elle représente votre capacité à vous exprimer et à communiquer, à penser et donc à créer les événements de votre vie. La parole est votre outil le plus puissant. Selon la façon dont elle est utilisée, la parole peut vous libérer ou vous asservir plus que vous ne pouvez l'imaginer. L'esprit humain est semblable à une terre fertile dans laquelle des graines sont continuellement semées : des opinions, des idées et des concepts. Vous plantez une graine, une pensée, et elle croît. »

Don Miguel Ruiz [99]

Le corps et l'esprit forment un tout

Apprentissage et mémoire sont systématiquement associés au cerveau. Mais n'oublions pas le corps ! Il est un vecteur d'apprentissage. En situations d'apprentissage, il facilite les acquisitions intellectuelles. À nous d'en faire notre meilleur allié !

On peut accroître la confiance en soi en se sentant exister, en prenant pleinement conscience d'habiter un corps dans lequel circule l'énergie. En ce sens, les séances d'éducation physique et sportive sont les bienvenues (évaluer sa force, adapter sa respiration pour induire davantage de calme et de maîtrise de soi ou au contraire, pour accroître l'énergie, faire l'expérience du relâchement musculaire afin de favoriser une relaxation dynamique…).

« C'est un apprentissage fondamental, aussi important que celui de comprendre que son corps nécessite des soins quotidiens. Concernant l'hygiène de vie, rien ne se traite de manière indépendante. L'enfant a besoin de dormir suffisamment, de manger en variant son alimentation, d'être conscient du fonctionnement biologique de son corps », écrit Pascale Toscani[100].

Sans une bonne hygiène de vie, le cerveau ne peut pas fonctionner correctement.

- **Hygiène alimentaire.** Si le cerveau ne représente que 2 % du poids du corps, il consomme 20 % de son énergie ! Parions sur un bon petit-déjeuner et une hydratation suffisante. Il faut boire ! N'oublions pas que le cerveau est une machine électrique et que l'eau est l'un des meilleurs conducteurs d'électricité.
- **Respirer !** Aérer les pièces pour faire entrer l'air extérieur. Apprendre à respirer profondément pour alimenter le cerveau en oxygène.
- **Le sommeil** est indispensable à la consolidation des savoirs intégrés dans la journée. Si l'enfant dort juste après l'apprentissage, les capacités mnésiques augmentent de 30 %.
- **La relaxation** permet de réduire les tensions musculaires qui freinent l'acquisition de nouvelles connaissances et compétences.
- **Bouger** pour mettre le corps au service des apprentissages. La *brain gym©* (*cf.* outil 37) est une méthode d'éducation par le mouvement.

Outil 37

Brain Gym©

École - Dès 6 ans

Pour faciliter et stimuler l'apprentissage, réconcilier mouvements du corps et apprentissages.

▶ La *Brain Gym©* (ou éducation kinesthésique) a été mise au point dans les années 1980 par Gail et Paul Dennison[101]. Ils partent du principe que le mouvement est la clé de l'apprentissage et ont ainsi développé vingt-six exercices inspirés du yoga, de la psychomotricité, de l'ergothérapie et même de la médecine chinoise. Certains alimentent la controverse et parlent de « neuromythe » pour évoquer cette méthode. Cela ne coûte rien d'essayer et de voir si cela entraîne une diminution du stress ou une aide à la concentration pour l'enfant.

▶ Voici des exemples d'exercices.

1. **Le casque d'écoute,** *un exercice énergétique. Tirer doucement les oreilles vers l'arrière, de l'intérieur vers l'extérieur, en commençant par le haut et en terminant par le lobe. Répéter trois fois.*
2. **Le cross crawl,** *pour améliorer la circulation des informations entre hémisphère gauche et hémisphère droit. Inviter l'enfant à toucher son genou gauche avec son coude droit, puis son genou droit avec son coude gauche. Accélérer puis ralentir, les yeux ouverts puis fermés.*

« Notre corps n'est pas simplement
le taxi de notre cerveau. »
Audrey Akoun et Isabelle Pailleau

Il me paraît important que les enfants soient pleinement conscients du fonctionnement de leur cerveau et de leur mémoire. Nous sommes si nombreux à le méconnaître et à n'avoir aucune connaissance des neurosciences cognitives. Il existe pourtant de nombreuses clés. Rien de compliqué. **Ainsi, la répétition est l'acte qui fait sauter le verrou et ouvre la porte de la mémorisation.** Selon Bruno Dubuc[102], « nous oublions 90 % de ce que nous apprenons en classe en trente jours et [...] la majeure partie de cet oubli se fait dans les quelques heures après le cours ». Répéter permet donc d'aider le cerveau à faire son tri entre les informations à mémoriser et celles condamnées à être oubliées. Il s'agit alors de transférer ces informations de la mémoire à court terme vers la mémoire à long terme afin de stocker les données pour plusieurs mois, voire plusieurs années. Les études montrent que plus une information est répétée rapidement, plus son stockage est efficace. Il est donc préférable de revoir une leçon le jour même si l'on souhaite une efficience de l'action. Si l'enfant n'est pas prompt à reprendre sa leçon le soir même, on peut simplement lui demander sur quoi les leçons de la journée ont porté. Le simple fait de réactualiser l'information peut suffire. Tout ceci, chacun d'entre nous devrait en avoir connaissance. Permettre à l'enfant de mieux se connaître et de comprendre comment fonctionne son cerveau l'aide à prendre confiance en lui et en ses capacités.

3. LE CAS DES ENFANTS AUX BESOINS PARTICULIERS

Les enfants différents souffrent parfois d'une cruelle déperdition de confiance. « L'incompréhension de l'entourage, le sentiment d'être bizarre, les difficultés scolaires, les jugements négatifs, voire le rejet des autres, abîment les enfants atypiques », écrivent Audrey Akoun et Isabelle Pailleau [103]. Un accompagnement particulier est primordial.

Les troubles neurobiologiques sont nombreux et ont la particularité d'entraîner des difficultés pour les élèves. Certains enfants souffrent de dyslexie, de dysorthograhie, de dyspraxie ou de dyscalculie. Parfois même, ces troubles se cumulent. On parle aujourd'hui de TSLA, troubles spécifiques du langage et des apprentissages, autrefois dénommés troubles « dys » [104]. Il s'agit d'un réel problème médical [105], qui s'installe durablement chez l'enfant. Toutefois, et fort heureusement, des progrès sont possibles.

En moyenne, on compte au moins deux enfants dyslexiques par classe. Ces élèves développent un fort sentiment d'impuissance, persuadés qu'ils sont incapables d'apprendre. Ils éprouvent par exemple de très grandes difficultés lors de l'apprentissage de la lecture. Ils ont bien du mal avec l'orthographe, le traitement rapide et la mémorisation de l'information.

Les troubles *dys-* sont mal connus. Ces enfants possèdent des fonctions cognitives normales mais subissent des troubles spécifiques de l'apprentissage.

L'enseignant qui sait cela peut adapter un certain nombre d'outils pour mettre l'élève en confiance; par exemple: éviter de le faire recopier, adapter les mises en page, travailler l'auto-évaluation, différencier… Encourager, valoriser, insister sur le positif sont des actes qui prennent tout leur sens pour ces élèves.

Avoir un enfant différent permet d'appréhender cette notion de confiance au quotidien. Avoir un enfant dyspraxique par exemple, c'est accepter qu'il soit maladroit, lent, parfois désorganisé. Des gestes d'apparences simples comme s'habiller ou faire ses lacets posent d'immenses difficultés. La dyspraxie touche la coordination des gestes. Un enfant qui en est atteint doit être encouragé et non rabaissé car il n'est pas en mesure de réaliser une action modeste.

Pour pallier les difficultés de mémorisation des élèves *dys-* (dyslexie, dyspraxie, dysphasie), la carte mentale est un outil efficace: la spatialisation favorise la mémorisation. De même, pour les enfants souffrant de TDAH ou TDA/H (trouble du déficit de l'attention avec ou sans hyperactivité), elle permet de bien rester concentré sur le sujet principal.

Outil 38

Apprendre avec *les cartes mentales* (Mind Map)

École - Dès 8 ans

Pour faciliter la mémorisation et développer toutes les capacités cognitives.

- Littéralement, le *Mind Mapping* c'est « la cartographie du cerveau qui réfléchit ». Outil global, il sollicite les deux hémisphères cérébraux et, de fait, permet de mobiliser la compréhension et la réalisation.
- Pour se souvenir efficacement d'un sujet, il est recommandé de faire trois « passages en revue » sur celui-ci. La carte mentale permet cette réactivation rapide et efficace de la mémoire.
- Cette carte heuristique se lit de l'intérieur vers l'extérieur et dans le sens des aiguilles d'une montre.
- Comment faire ?
  1. **Prendre une feuille vierge,** *en format paysage et noter le sujet principal au centre de la feuille, dans un encadré.*
  2. **Autour de ce cœur encadré,** *tracer des branches : c'est l'arborescence d'idées. Ces branches sont des thèmes ou des idées principales. De ces branchent naissent des sous-branches sur lesquelles l'enfant notera des mots-clés (idées secondaires, précisions, détails, exemples).*
  3. **Écrire les mots** *sur les branches.*
  4. **Ajouter des images**, *pictogrammes, ainsi que de la couleur. La personnalisation et l'individualisation rendent le processus de mémorisation efficace.*

« Le but n'est pas tout. Chaque pas vers le but est un but. Ce sont tous les petits buts qui font le but. »

Confucius

Les enfants hypersensibles [106] ont un rapport au monde particulier. Étant personnellement concernée, ainsi que mon fils aîné, je sais à quel point les réactions d'un hypersensible peuvent donner lieu à des incompréhensions de la part de l'entourage. Très lucide, l'hypersensible perçoit sa différence, chargé de son hyper-réactivité émotionnelle et de son lourd pendant : l'anxiété. Sa confiance est donc souvent très entamée. Verbaliser, accompagner, encourager sincèrement sont les clés.

« Il existe chez les hypersensibles un questionnement incessant sur l'extérieur, l'environnement, les relations aux autres mais aussi un questionnement permanent sur soi-même. La remise en cause est permanente pour ce qui est fait ou sur ce qui est pensé. Ce questionnement sans fin leur confère une faible confiance en eux qui ne permet pas de construire une estime de soi solide. La moindre certitude pouvant être remise en question l'instant suivant. »

Audrey Akoun et Isabelle Pailleau

L'ESSENTIEL À RETENIR

- L'enfant qui a confiance apprend plus vite et mieux.
- Comment l'école peut-elle aider à construire la confiance en soi ? Évoluer en sécurité physique et émotionnelle ; prendre en compte l'individualité ; favoriser les sentiments de responsabilité et d'appartenance ; (re)considérer l'erreur ; ajuster la temporalité ; adopter une démarche non-conformiste favorisant l'action ; utiliser la méthode des petits pas ou méthode « Kaizen » ; en finir avec les « neuromythes » ; entretenir la motivation.
- Un enseignant qui encourage, valorise, donne des objectifs réalisables… offrira toutes les chances de réussite à ses élèves.
- Les intelligences multiples respectent les individualités cognitives et permettent de varier les chemins d'apprentissages.
- Le corps est un vecteur d'apprentissage.
- Les enfants aux besoins particuliers ont une confiance plus facilement ébranlable et nécessitent un accompagnement spécifique.

Conclusion

Peut-on conclure sur ce vaste sujet du développement de la confiance de l'enfant ? Je ne le pense pas ; **autant la confiance en soi façonne une vie, autant la construire relève d'un travail quotidien.**

Elle s'initie dans la matrice, dès la vie intra-utérine et forge une base solide si l'on répond aux besoins du bébé : manger, bouger, dormir, jouer, être câliné... Petit à petit, l'enfant entend une petite voix à l'intérieur de lui. « J'ai de la valeur », lui souffle-t-elle. Puis, au fur et à mesure qu'il grandit, l'enfant va avoir besoin d'être soutenu lors de ses expérimentations et qu'on lui fasse confiance sur ses choix. Ainsi, il sera autant à l'aise avec les échecs que les réussites.

J'espère que vous aurez su trouver dans cet ouvrage, **les ressources nécessaires à l'élaboration d'un cercle vertueux, celui qui apprend à l'enfant à s'aimer, se respecter, celui qui fait émerger son unicité dans le Monde.**

En tant qu'adultes référents (parents, éducateurs, enseignants), nous sommes les premiers maillons d'une chaîne destinée à construire les adultes de demain. Des adultes que nous souhaitons bienveillants, aimants, conscients et confiants.

Les dernières recherches en neurosciences, nos connaissances de plus en plus précises sur le cerveau de l'enfant ainsi que bon nombre d'observations empiriques nous démontrent que les personnes élevées dans le respect sont, dans la vie, profondément épanouies et confiantes. De quoi nous encourager à changer nos anciens modes éducatifs ! Développons ces belles compétences que sont l'autonomie, l'esprit critique, l'expression de nos émotions et qui aident tant au développement de la confiance.

Nous l'avons vu, la confiance ne s'apprend pas dans un livre ou en remplissant les pages d'un cahier d'activités. Les différentes pistes et activités présentées ici ne sont jamais que des outils à adapter en fonction du rythme et de la personnalité de votre enfant.

Car en effet, **la confiance c'est bien davantage. Cela correspond à une attitude, une posture au quotidien dans son environnement. La confiance, loin d'être un concept théorique, se nourrit en effet de la relation qu'entretient l'enfant avec les membres de son entourage, à commencer par ses figures d'attachement. Et c'est la sincérité de notre amour qui permettra de célébrer l'enfant.**

La confiance en soi est donc une notion complexe, qui en englobe et qui en chevauche tant d'autres. Créer un climat propice à la confiance est forcément hybride, voire composite. En effet, parler de confiance en soi revient à évoquer la liberté, l'autonomie, la créativité, l'environnement, la joie, l'affection, l'empathie, l'écoute… mais surtout l'amour !

« Vous êtes né avec un potentiel.
Vous êtes né pour la bonté
et la confiance.
Vous êtes né avec des idéaux et des rêves.
Vous êtes né pour accomplir de grandes choses.
Vous êtes né avec des ailes.
Vous n'êtes pas fait pour ramper,
alors ne le faites pas.
Vous avez des ailes.
Apprenez à les utiliser et envolez-vous ! »

Rumi

Notes

1. Conférencier et auteur américain, notamment du best-seller *Unconditional parenting.*

2. Conférencière suédoise en sciences comportementales, autrice de *Développer l'estime de soi de son enfant: les fruits d'une éducation bienveillante,* Eyrolles, 2017.

3. Psychothérapeute et figure phare de la parentalité positive en France.

4. Virginia Satir est une psychothérapeute américaine, connue particulièrement au xxe siècle pour son approche de la thérapie familiale.

5. Les ateliers de parents ont comme objectif de fournir des alternatives aux conflits et aux punitions. On parle d'éducation non violente, basée sur le respect des besoins de chacun, et renforçant l'autonomie, l'estime de soi et la confiance en soi de l'enfant. Il existe différentes approches pour aider à explorer et renforcer les habiletés parentales, la plupart sont des stages payants. Les ateliers Gordon, pour apprendre à mieux communiquer en famille. La méthode repose sur l'écoute active (*cf.* Chapitre 3), le Message-Je, et la résolution du conflit sans perdant. Les stages Faber et Mazlish « Parler pour que les enfants écoutent » sont filés sur plusieurs semaines afin de donner des outils ludiques et participatifs. Les stages de soutien à la parentalité de Catherine Dumonteil-Kremer sont axés sur la parentalité ludique et créative. Évidemment cette liste n'est pas exhaustive. Si vous devez faire un choix, posez-vous bien la question de ce que vous recherchez. En effet, certains ateliers proposent d'appliquer un ensemble de méthodes et techniques, et provoquent parfois des désillusions, voire de vives critiques.

6. John Bowlby est un psychiatre et psychanalyste britannique, célèbre au XXe siècle pour ses travaux sur l'attachement, la relation mère-enfant.

7. Rosa Jové est pédopsychiatre. Spécialiste du sommeil chez les enfants, elle est autrice de plusieurs livres.

8. Edwige Antier est pédiatre, autrice de nombreux ouvrages à succès consacrés à l'enfance et à la parentalité.

9. http://www.haptonomie.org/fr/

10. http://www.haptonomie.com/_fr/ish/

11. Association française d'acupuncture:
http://www.acupuncture-france.com/fr/Accueil-7.html
Le site de l'ostéopathie:
https://www.osteopathie-france.fr/

12. Voir l'Association Doula de France: http://doulas.info/

13. *Cf.* AFCP : Association Française Chant Prénatal Musique & Petite Enfance : http://www.chantprenatal.com/chant-prenatal

14. Violaine Guéritault, *La fatigue physique et émotionnelle des mères,* Odile Jacob, 2008.

15. Maria Basaque, Karine Le Goaziou, Isabelle de Lisle, Ostiane Mathon, *Je crois en toi ! Pourquoi et comment valoriser les enfants,* Le Souffle d'or, 2016.

16. Thomas d'Ansembourg est un psychothérapeute belge.

17. Anne-Marie Fontaine est formatrice auprès des professionnels de la petite enfance. Elle a d'abord travaillé au CNRS avec René Zazzo dans le cadre du laboratoire de psychobiologie de l'enfant, puis a été maître de conférence en psychologie de l'enfant à l'université Paris-X.

18. Ce serait en regardant des singes manger des cacahuètes que le professeur Giacomo Rizzolatti aurait eu l'intuition des neurones miroirs.

19. Inspiré de Mariam Gates, *Yoga pour s'endormir en douceur,* Ideo, 2016.

20. Gisèle George, *La confiance en soi de votre enfant,* Odile Jacob, 2009.

21. Inspiré de Mariam Gates, *Yoga pour se réveiller en douceur,* Idéo, 2016.

22. Caterina Fiorilli, Pierre-André Doudin, Louise Lafortune, Ottavia Albanese, *Conception de l'intelligence et pratiques éducatives,* PU Québec, 2013.

23. Catherine Gueguen, *Pour une enfance heureuse – Repenser l'éducation à la lumière des dernières découvertes sur le cerveau,* Robert Laffont, 2014.

24. Le cerveau préfrontal est la région située derrière les yeux, c'est une des zones essentielles du néocortex. C'est le siège de fonctions cognitives dites supérieures tels le langage ou la mémoire par exemple. Il est également le centre exécutif du cerveau, un centre de décision et de planification.

25. Brigitte Prot, *J'suis pas motivé, je fais pas exprès,* Albin Michel, 2003.

26. Céline Alvarez, autrice de l'ouvrage *Les lois naturelles de l'enfant* (Les Arènes, 2016), détaille ceci sur son site (https://www.celinealvarez.org/) ainsi que dans une vidéo disponible sur YouTube, datée du 16 mars 2017 et visible à cette adresse : https://www.youtube.com/watch?v=pnF21M30U_U

27. Visible sur Internet *via* le site YouTube : https://www.youtube.com/watch?v=apzXGEbZht0

28. À ce sujet, je vous recommande l'excellent ouvrage d'Alfie Kohn, *Aimer nos enfants inconditionnellement,* L'Instant Présent, 2015.

29. Sam McBratney, *Devine combien je t'aime,* École des loisirs, 1994.

30. Référence humoristique issue de la série télévisée Desperate Housewife.

31. Vidéo de Konrad Lorenz visible sur Internet: https://www.youtube.com/watch?v=JGyfcBfSj4M

32. John Harlow est psychologue américain dont les travaux portent sur l'isolement social. Il a montré l'importance de l'accompagnement chez les jeunes primates. Notons que ses travaux ont été décriés par les défenseurs de la cause animale.

33. Un atelier dure environ deux heures, peut être individuel ou collectif, gratuit ou payant (les prix oscillent entre 10 et 60 euros par atelier). Pour trouver des monitrices ou moniteurs proches de chez vous, n'hésitez pas à consulter les annuaires en ligne, mis à jour par les différentes écoles de formation des monitrices/moniteurs.

34. Ashley Montagu est un anthropologue et humaniste anglais. Il a notamment écrit *La peau et le toucher,* Seuil, 2014.

35. Rosa Jové, *Dormir sans larmes,* Les Arènes, 2017.

36. Léo J. Burke, auteur américain.

37. À ce sujet, on peut coupler avec la lecture d'un album jeunesse très sympathique : Anthony Browne, *Billy se bille,* Kaleidoscope, 2006.

38. Isabelle Filliozat, *L'intelligence du cœur,* J.-C. Lattès, 1997.

39. Bruno Bettelheim est un pédagogue et psychologue américain rendu célèbre par ses ouvrages de vulgarisation dans lesquels il explique ses théories pédagogiques et psychothérapeutiques.

40. Il est à noter que des débats traversent cette classification. Tous les chercheurs ne sont pas d'accord pour classer joie, tristesse, dégoût et surprise dans les émotions primaires.

41. Michel Claeys Bouuaert est un psychothérapeute belge proposant notamment des formations dans le domaine de l'éducation émotionnelle.

42. Exemples d'ouvrages de littérature jeunesse traitant des émotions : Au fil des émotions – *Dis ce que tu ressens,* Gautier Languereau, 2016. Anna Llenas, *La couleur des émotions,* Quatre Fleuves, 2014. Mies Van Hout, *Aujourd'hui je suis,* Minedition, 2011. Anthony Browne, *Parfois je me sens,* Kaleidoscope, 2011. Ed Emberley, Anne Miranda, *Glad Monster, Sad Monster: A book about feelings,* Little, Brown and Company, 1997.

43. Se munir d'un bocal ou d'une bouteille. Y mettre une cuillère à soupe de colle liquide, quelques paillettes et sequins, et compléter avec de l'eau. On obtient ainsi une véritable boule magique donnant la possibilité à l'enfant de se calmer en secouant la bouteille puis en observant le mouvement des paillettes et leur arrivée en douceur dans le fond du contenant.

44. *Cf.* https://www.disneypixar.fr/films/193-vice-versa.html

45. Alice Miller, *C'est pour ton bien : Racines de la violence dans l'éducation de l'enfant,* Flammarion, 2015.

46. *L'Eye-Movement Desensitization and Reprocessing* (ou désensibilisation et retraitement par mouvement des yeux) est une approche de psychothérapie qui utilise la stimulation sensorielle du corps dans le but de produire une résolution rapide des symptômes liés à des événements issus du passé.

47. Satish Kumar est né au Rajasthan, en Inde, en 1936. Il s'installe en Angleterre en 1973. Rédacteur en chef du magazine *Résurgence*, directeur adjoint des éditions Green Books, intervenant régulier sur Radio 4, Satish Kumar a mené de nombreux projets de développement spirituels, éducatifs et environnementaux.

48. Arnaud Deroo, *L'accueil de la petite enfance – Un regard humoristique pour donner à réfléchir la bien-traitance,* Chronique sociale, 2017.

49. Eckhart Tolle est un écrivain canadien anglais d'origine allemande. Il prône la valeur spirituelle de l'attention. Il est l'auteur du *Pouvoir du moment présent,* paru en 1999, Éditions Ariane, et qui est devenu un best-seller international.

50. Aletha Solter, *Développer le lien parent-enfant par le jeu – Le jeu d'attachement pour créer l'harmonie, gérer les conflits et résoudre les problèmes,* Jouvence, 2016.

51. Pour aller plus loin : Anne-Béatrice Leygues, *Do in, la voie de l'énergie*, Marabout, 2014.

52. Ashley Montagu, *La peau et le toucher, un premier langage,* Seuil, 1979.

53. *Cf.* Le site de l'IAIM (International Association of Infant Massage) http://www.iaim.net/languages/french/; ainsi que le site de l'AFMB (Association Française de Massage pour Bébé) http://www.massage-bebe.asso.fr/

54. Demandez conseil à votre pharmacien quant à la compatibilité de l'utilisation de certaines huiles.

55. Instructrice certifiée IAIM.

56. Extrait d'un article du journal des professionnels de la petite enfance de janvier 2005.

57. Michèle Forestier, *De la naissance aux premiers pas: Accompagner l'enfant dans ses découvertes motrices,* Erès, 2011.

58. Emmi Pikler est une pédiatre hongroise qui a montré qu'un enfant qui se déplace librement, c'est-à-dire sans restrictions, est beaucoup plus prudent et peut plus aisément gérer ses mouvements.

59. Avant toute utilisation, renseignez-vous sur leurs bienfaits et leur éventuelle dangerosité en demandant conseil à votre pharmacien.

60. En complément, lire à ce propos les travaux sur l'accordage affectif, un concept développé par Daniel Stern, psychanalyste. *Cf.* Daniel Stern, *Le monde interpersonnel du nourrisson,* PUF, coll. Le fil rouge, 1989.

61. Daniel Goleman, *L'intelligence émotionnelle*, Robert Laffont, 2009.

62. *« Mon Moment Magique »* (http://monmomentmagique.com/) propose aux enfants un ensemble de pratiques bien-être pour avoir confiance en eux, apprendre à s'occuper d'eux, être bien dans leur tête, dans leur corps et dans leur cœur, mais aussi afin de leur donner des outils pour être heureux dans leur quotidien et toute leur vie. On retrouve ces ateliers partout en France ; ainsi c'est « un amour au naturel » qui m'a fait découvrir cet exercice.

63. Arnaud Deroo, *« L'accueil de la petite enfance – Un regard humoristique pour donner à réfléchir la bien-traitance »,* Chronique sociale, 2017.

64. On retrouve très souvent le sigle VEO. En France, plusieurs associations œuvrent pour lutter contre ces violences, avec chacune leur particularité. Ainsi, l'OVEO (Observatoire de la violence éducative ordinaire) a pour but d'informer le plus largement possible l'opinion publique et les responsables politiques sur la pratique de la violence éducative ordinaire. L'association StopVeo se veut plus militante. Il est à noter que le 30 avril de chaque année a lieu, en France, la journée contre la violence éducative.

65. *Oui, la nature humaine est bonne ! Comment la violence éducative ordinaire la pervertit depuis des millénaires,* Robert Laffont, 2009. Olivier Maurel est auteur français d'ouvrages sur les violences infligées aux enfants, fondateur de l'association l'Observatoire de la violence éducative ordinaire (OVEO) en 2005.

66. Jacqueline Cornet, *« Faut-il battre les enfants ? Relation entre les accidents et la violence éducative »,* Hommes et Perspectives, 1997.

67. Susan Forward, *Parents toxiques – Comment échapper à leur emprise*, Stock, 1991.

68. Muriel Salmona, *Châtiments corporels et violences éducatives – Pourquoi il faut les interdire en 20 questions-réponses*, Dunod, 2016.

69. Étude mentionnée dans Bruno Hourst, *J'aide mon enfant à développer son estime de soi*, Eyrolles, 2014.

70. Maria Basque, Karine Le Goaziou, Isabelle de Lisle, Ostiane Mathon, *Je crois en toi ! Pourquoi et comment valoriser les enfants*, Le Souffle d'Or, 2016.

71. Adèle Faber, Elaine Mazlish, *Parler pour que les enfants écoutent, écouter pour que les enfants parlent*, Relations plus, 2002.

72. Op. cit.

73. *Cf.* Bruno Hourst, *J'aide mon enfant à développer son estime de soi*, Eyrolles, 2012.

74. *Cf.* Chapitre 2.

75. Op. cit.

76. Thomas Gordon, *Parents efficaces*, Marabout 2006.

77. Marshall B. Rosenberg, *Les mots sont des fenêtres (ou bien ce sont des murs)*, La Découverte, 2016.

78. Ce que l'on appelle communément le *« terrible two »*.

79. Naomi Aldort, *Éduquer ses enfants, s'éduquer soi-même*, Éditions Ariane, 2016.

80. Il existe des ouvrages dressant une liste d'activités possibles, à l'image de *150 activités Montessori à la maison pour les 0-6 ans* de Sylvie et Noémie D'Esclaibes, Éditions Leduc, 2017.

81. Parution en France du livre *Qui veut jouer avec moi ?* de Lawrence Cohen, Lattès, 2013, spécialiste des thérapies familiales par le jeu.

82. André Stern est musicien, compositeur, luthier, auteur et journaliste. Auteur de *... Et je ne suis jamais allé à l'école*, Actes Sud, 2011. Il anime des conférences sur l'enfance.

83. Jean Van't Hul, *Parents d'artistes*, La Plage, 2014.

84. Mary Lou Cook est une éducatrice américaine du XXe siècle.

85. Isaac Asimov est un écrivain américain, né en Russie et naturalisé en 1928. Il est surtout connu pour ses œuvres de science-fiction et ses livres de vulgarisation scientifique.

86. Maria Basque, autrice de *Je crois en toi !*, est professeur des écoles et formatrice d'enseignants et de cadres pédagogiques.

87. Pascale Toscani est enseignante-chercheuse, maître de conférence, à l'université catholique de l'Ouest (UCO Angers). Elle a également coordonné l'ouvrage *Les neurosciences au cœur de la classe*.

88. Jiddu Krishnamurti est un sage et un penseur, né en Inde.

89. Jane Nelsen est psychologue et éducatrice, autrice de *La discipline positive*, Poche Marabout, 2014.

90. PISA est le Programme international pour le suivi des acquis des élèves (de l'anglais *Programme for International Student Assessment*). C'est un ensemble d'études menées par l'Organisation de coopération et de développement économiques (OCDE), et visant à mesurer les performances des systèmes éducatifs des pays membres et non membres. Les enquêtes sont menées tous les trois ans auprès de jeunes de 15 ans dans les 34 pays membres de l'OCDE ainsi que dans de nombreux pays partenaires. Elles aboutissent à un classement.

91. *Cf.* Chapitre 2.

92. Audrey Akou, Isabelle Pailleau, *Apprendre autrement avec la pédagogie positive, À la maison et à l'école, (re)donnez à vos enfants le goût d'apprendre*, Eyrolles, 2013.

93. Frédéric Lenoir, *Philosopher et méditer avec les enfants*, Albin Michel, 2016.

94. UneffetPygmalionnégatifsenommeeffetGolem.Ils'agitd'unprocédé psychologique dans lequel des attentes moins élevées projetées sur une personne le conduisent vers des performances moins bonnes. Dire à un enfant qu'il n'y arrivera pas est susceptible d'encourager l'échec.

95. Nikos Kazautzaki, écrivain grec.

96. Howard Gardner, *Frames of Mind, Theory of Multiple Intelligences*, 1983.

97. Jean Piaget est un psychologue suisse, spécialisé dans le développement cognitif.

98. Pascale Toscani, « *Les neurosciences au cœur de la classe* », Chronique Sociale, 2014.

99. Don Miguel Ruiz, *Les quatre accords toltèques : la voie de la liberté personnelle*, Éditions Jouvence, nelle éd.2017.

100. Pascale Toscani, « *Les neurosciences dans la classe* », Chronique sociale, 2014.

101. Gail et Paul Dennison, Brain Gym, *Le Mouvement, clé de l'apprentissage*, Souffle D'Or, 1997.

102. Diplômé en neurobiologie de l'université de Montréal, co-auteur du site *« Le Cerveau à tous les niveaux »* (http://lecerveau.mcgill.ca/)

103. Audrey Akoun, Isabelle Pailleau, *Vive les Zatypiques*, Leduc.S Éditions, 2017.

104. *Dys* en grec veut dire « difficile ».

105. Il s'agit d'un handicap invisible. *Cf.* la loi du 11 février 2005 : « toute limitation d'activité ou restriction de participation à la vie en société subie dans son environnement par une personne en raison d'une altération substantielle, durable ou définitive d'une ou plusieurs fonctions physiques, sensorielles, mentales, cognitives ou psychiques, d'un trouble de santé invalidant. ».

106. Les hypersensibles représentent 15 à 20 % de la population.

Remerciements

Écrire un livre est resté pendant très longtemps un rêve. Inavoué. Je suis si heureuse d'avoir la chance de vivre cette aventure. Il est venu aujourd'hui le temps de rendre à César ce qui lui appartient, en remerciant, en toute humilité, tous ceux qui ont apporté leur pierre à l'édifice. Car je ne suis pas seule. Ce livre a été porté par des rencontres, des discussions, des lectures… Il est autant un aboutissement qu'un challenge. Je l'ai rédigé avec toute ma tendresse, mon empathie et mon humanité.

Je suis intimement convaincue que les rencontres que l'on fait dans la vie nous portent. Nous élèvent. J'ai aussi besoin de remercier toutes les personnes qui ont contribué de près ou de loin à la naissance de ce livre que j'ai écrit du fond du cœur. Alors je me dois d'exprimer ma reconnaissance envers tous ceux qui croisent mon chemin. Réellement comme virtuellement.

À mon mari et nos deux enfants. Vous me portez au quotidien par l'Amour que vous me transmettez. Vous me poussez à aller puiser au plus profond de moi ce que je suis, qui je suis. Vous êtes mon soutien de chaque jour. Merci. Passionnément.

À ma famille, mes amis, mes collègues, tous ceux qui croient en ce que je suis et aux valeurs que je porte. À mes correctrices, Lisa, Aude et Chloé. À Claire et Anne-Line pour leur soutien photographique. À vous tous, nos échanges, votre bienveillance et vos encouragements sont si précieux. Merci. Chaleureusement.

À mes élèves. Passés, présents et futurs. Transmettre et enseigner font partie intégrante de mon équilibre et de ma mission de vie. Vous, mes ados d'élèves, si attach(i)ants, vous me rendez au centuple ce que je vous donne de moi. Merci. Affectueusement.

À Charlène Guinoiseau-Ferré, directrice éditoriale aux Éditions Jouvence. Paul Éluard écrivait : « Il n'y a pas de hasards, il n'y a que des rendez-vous. » C'est exactement ce que je ressens de la connexion qui s'est opérée entre nous. Dès le départ, vous avez cru en ce projet et avez permis sa mise en œuvre. J'ai eu une totale liberté pour la rédaction de ce livre et c'est une réelle chance. Merci. Sincèrement.

À mon éditeur, Jouvence, pour sa confiance et sa cohérence éditoriale. Merci. Honorablement.

À mes lecteurs d'un jour. À mes lecteurs de toujours. *Last but not least,* je salue votre présence. Depuis quatre années maintenant, vous êtes de plus en plus nombreux à faire partie de ma communauté en lisant mes écrits sur Internet. Les liens qui se sont créés via mon blog sont une vraie richesse. Très souvent, je reçois d'émouvants messages de gratitude. Chers lecteurs, sachez que, vous aussi, vous êtes mon moteur. Vous m'avez offert la possibilité d'y croire. Merci. Simplement.

À bientôt.

Cœurdialement,
Soline

DE LA MÊME AUTRICE
AUX ÉDITIONS JOUVENCE :

Être mère sans s'oublier

40 ressources pour prendre du temps pour soi

À quand remonte la dernière fois que vous avez pris un court temps pour vous ?

Sachez que la prise en compte de vos besoins n'est pas obligatoirement en compétition avec ceux de vos enfants et qu'il est important de vous occuper de vous, afin d'être en pleine capacité de prendre soin des autres.

120 pages • 5,95 €

Parentalité heureuse
J'accompagne les émotions de mon enfant
Soline Bourdeverre-Veyssiere
52 outils ludiques et pratiques
jouvence éditions

J'accompagne les émotions de mon enfant

Vous êtes parfois perturbé(e) par les crises de vos enfants ? Vous avez du mal à comprendre leurs sauts de joie ou leurs flots de larmes ? Cet ouvrage documenté vous permettra de l'aider à identifier ses émotions et à traduire ce qu'il ressent avec des mots, mais surtout de l'écouter et de l'accompagner pour les transformer en véritables alliées.

Sensibiliser les enfants
aux questions
écologiques
Soline Bourdeverre-Veyssiere
Parentalité heureuse
jouvence

Sensibiliser les enfants aux questions écologiques

Réduire ses déchets, fabriquer des objets de récupération, respecter le rythme des saisons, adopter une vie *slow*, jouer avec ce que nous offre la nature, avoir les bons gestes dans la cuisine, la salle de bain, le dressing, au balcon ou au jardin, revenir à l'essentiel… Cet ouvrage nous accompagne sur le chemin éco-responsable à travers 65 outils pratiques faciles à mettre en œuvre avec les enfants.

192 pages • 16,90 €

Dépôt légal : septembre 2021
Achevé d'imprimer en mars 2022
Imprimé en France par Laballery
N° d'impression : 203097